JN099982

テレワーク導入の法的アプローチ

トラブル回避の留意点と労務管理のポイント

弁護士 末 啓一郎

はじめに

　テレワークが多くの企業で検討・導入されている。その要因として、働き方改革を推進する手段のひとつとして政府が推奨し、企業も注目していることがあげられる。テレワークを適切に実施している企業では、業務効率の向上だけでなく、ワークライフバランスの実現を通じた優秀な人材の確保などの効果が報告されている。しかし、やみくもにテレワークを導入しても、このような成果を達成できるわけではない。それどころか、業務効率の低下や、さらには労働法規違反として、深刻なコンプライアンスの問題すら引き起こしかねない。

　テレワークについては厚生労働省が各種のガイドラインを明らかにしているが、企業で実際に制度として導入するにあたっては、このガイドラインをもとにした具体的な検討を必要とする。加えて、ひと言でテレワークといっても実は多義的であり、その理解が人により異なることが考えられる。

　そこで本書では、テレワーク導入を検討するにあたって、その議論の前提を整理できるよう、Ⅰ章を「テレワークに関する基本知識」とし、テレワークとはどのようなものかにつき、多角的に整理を試みた。そのうえでⅡ章において「雇用型テレワークへの労働法規の適用」を検討し、さらにⅢ章では「テレワーク制度導入の実務的留意点」として、テレワーク導入で生じるトラブルを回避するための法的留意点と労務管理のポイントをみてゆくこととした。

　したがって、テレワークについての基本的な事項を十分理解されている方や、テレワーク導入のために、その法律問題や実務上の問題点を主に検討したい方は、Ⅱ章から読み進めていただきたい。また、Ⅱ章冒頭では「雇用型テレワークと自営型テレワークの境界」についての問題を若干詳しく取り上げているので、正社員に関する「雇用型テレワーク」について労働関係法規の適用問題のみを検討したい方は、次項の「雇用型テレワークに対する労働

法規の適用」から読み進めていただいて構わない。また、法的規制・コンプライアンスの問題よりもテレワークの導入についての具体的方法論に主に関心がある方は、Ⅲ章を中心に読んでいただきたい。

　なお、自営型テレワークに関する記述は最低限のものとした。自営型テレワークには多くの法的な問題点や社会政策上の課題があるが、これに取り組むのは主として立法・行政の役割であり、本書がそこまで含めることは、議論の内容を拡大しすぎると考えたからである。ただし、Ⅱ章冒頭の自営型テレワークと雇用型テレワークの区別についての記述は、労働法規の適用の有無との関係もあり、雇用型テレワークの導入を考えるうえでも留意すべき事柄であるので、その点に関する議論については、自営型テレワークの問題についても、若干詳しく整理している。

　本書の読者としては、テレワークの導入を検討している、あるいは検討を始めたい企業のテレワーク制度設計に従事する法務・人事担当者、および人事に関する法律問題を取り扱う弁護士や社会保険労務士などの専門職を想定しているのであるが、そのような目的意識が明確な方々にとって、すでに把握が十分できている部分の記載はまどろっこしく感じられるかもしれない。しかし時間があれば、冒頭のテレワークの基本的な事項から目を通していただければ、現在取り組んでいる課題を明確にするうえで、役に立つ視点もあるのではないかと考えている。

　以上を通じて、本書が、テレワーク制度を適切に導入するにあたり、少しでもお役に立てれば幸いである。

2019年11月
弁護士　末　啓一郎

目　次

表紙カバーデザイン──林　一則

I章　テレワークに関する基本知識

第1　テレワーク対象業務の多様性

1．高度専門業務と単純業務との対比

(1)　高度専門業務のテレワーク

　1993年のアメリカ映画「ザ・ファーム　法律事務所」で、トム・クルーズ演じる若手新人弁護士に、ジーン・ハックマン演じる指導担当弁護士が、「渋滞中の車のなかであろうが、ヒゲを剃っていようが、公園のベンチに座っていようが構わない。依頼者のことを考えろ。それが請求書になり、（ビジネスローヤーとしての）成功につながる」と指導する場面がある。タイムチャージ制をとるアメリカのビジネスローヤーならではの皮肉が効いたセリフだが、これを働き方の側面からとらえるなら、まさにテレワークの勧めといえる。

　このようなことは、弁護士業務やいわゆる高プロ（高度プロフェッショナル）対象業務だけでなく、新商品・新技術の研究開発などの専門業務型裁量労働制の対象業務一般についても当てはまりうる。なぜなら、毎日まじめに出社しても何の成果も上げられない社員より、出社は常ならずとも、すばらしい成果が出せる社員のほうが高く評価されてしかるべきだからである。したがって、これらの高度専門業務や裁量労働制対象業務は、テレワークときわめて親和性が高い業務であると考えられる。

　しかしその一方で、高度専門業務についてすら、このような考えに違和感を感じる人が多いのではないだろうか。それは、目の前で仕事をしていないテレワークでは、本当に仕事をしているかを確認できないという思い込みがあることに加え、逆に成果が明白であったとしても、「出る杭は打たれる」

「みなと足並みを揃えて働いていなければ角が立つ」といった、わが国社会の文化的背景にも原因があるのだろう。言い換えれば、同じオフィス内で机を並べて働くこと、共同で仕事をしている「一体感」をもつことが重要であるとの考えが、高度専門業務従事者であっても、無意識のうちに続いているのである。

　そもそも「仕事をする」とはどういうことなのか。テレワークの導入・活用のためには、この点についての、われわれの無意識の思い込み（マインドセット）を見直す必要がある。逆にいえば、テレワークの導入は、このようなマインドセットを変更する契機とすることができるかもしれない。もちろん単純にマインドセットの問題というだけでなく、オフィスで机を並べて一体感をもって業務を行なうことにより、高度専門業務の場合も成果が上がる部分がないとはいえないが、逆に各人が、自らの業務に集中できる、組織から切り離された環境のほうが効率的に仕事ができる場合もありうるであろう。このような業務の見直しを物理的に進めることが、テレワーク制度の導入により可能となるのであり、この点はテレワーク導入にあたって意識するべきポイントのひとつということができる。

(2)　単純業務のテレワーク

　これに対して、仕事をするための時間的・場所的制約を取り払えるという点だけを考えるなら、たとえばノートパソコンによるデータ入力業務などは、組織活動としての性格が乏しいだけでなく、作業時間とその成果物との量的な対応関係が明確であり、外部から業務遂行状況の認識が容易であるため、モバイルワークとして、いつでもどこでも「仕事ができる」体制にすることへの違和感は少ないと予想される。

　また、オフィスワークのうち、このような単純作業的性格が強い業務は、正社員が担当するよりもアウトソーシングし、個人事業者やサービス会社の社員が、業務委託や請負の形式で従事するほうが効率的なことも多い。その場合には、後述するとおり、法的な規制のみならず、注文をする企業における業務の管理も、社員による業務遂行の場合とはまったく異なるものとなる。

(3) テレワーク導入と業務の分析・評価の見直しの必要性

　以上は、いわゆるオフィスワークをテレワーク化するについて、高度専門業務と単純業務という分け方で対比をしたものである。しかし、現実の業務は、このように単純に切り分けられるものではない。また、典型的なオフィスワーカーの業務は、この中間に位置するものが多いであろう。そして、西欧のようなジョブ型雇用ではない、メンバーシップ型雇用といわれるわが国の雇用慣行においては、各人の業務内容を明確に切り分けることは、必ずしも容易でないことが多い。

　しかし、テレワーク導入にあたっては、その業務の分析や評価の方法などの見直しもあわせて行なう必要がある。そうして初めて、どのようなテレワークをどのように、どの程度導入すべきかを検討することができることとなる。

2. 政府が推奨しているテレワークという働き方のイメージ

　これに対して、政府が旗振りをしている「テレワーク」の主要なイメージは、情報通信技術を活用して、本来はオフィスに出社して従事することが想定されている会議やデスクワークを、自宅にいながらにして、子育てや介護と両立させながら行なうこと、あるいは風光明媚な地に設けられたサテライトオフィスなどでリフレッシュしながら、効率よく進めることなどであろう。しかし、これを受ける企業の側では、オフィスワークのどのような業務がテレワークにふさわしいのかといった議論はあまりされておらず、主として「働き方」の形としてのテレワークが議論されている程度である。

　確かに、一般にテレワークの働き方といえば、上記のような典型例が漠然とイメージされがちだが、働き方の面から考えるだけでも、在宅勤務、サテライトオフィス勤務、さらにはモバイル勤務といった形態があり、契約形態としても、雇用契約にもとづくもののほか、請負契約または準委任契約にもとづくものまで、その法的な立てつけも多様である。厚生労働省のテレワークに関するガイドラインでも、これらは区別して議論されている。また雇用契約にもとづくもののなかにも、正社員だけでなく契約社員や派遣など、い

ろいろな雇用類型のものがある。加えて、対象業務の種類をオフィスワークに限ってみても、前述のとおり、いわゆる高プロ的なものからデータ入力などの単純作業まで、多様な働き方が含まれている。したがって、それらを踏まえて導入方法・内容を慎重に検討するのでなければ、テレワークの適切な導入はできない。

　現在、政府は働き方改革の一環としてテレワークを推進しているが、企業の側としては、多種多様な態様・内容のテレワークについて、何をどのような形で導入するかの検討を抜きにして議論をすることはできない。また就労者のニーズとしても、テレワークに従事することを必要とする事情はいろいろとありうるから、その実情を踏まえることなしに、テレワーク導入を一律に議論することもできない。

3. 多様性を踏まえた検討の必要性

　翻って、テレワークに関する巷の議論をみると、テレワークを賛美し、その速やかな導入方法を具体的に提示するもの、格差拡大の観点から安易なテレワークの拡大に危機感を示すもの等々、一様ではない。そしてそれらは、テレワークの利用者である企業の視点、従事する就労者の視点、そして社会全体の効率性の視点など、議論を提示する者の重視する視点によって、内容が異なりうる。したがって、テレワーク導入に際し、これに関する議論を検討するにあたっては、その議論を行なう論者の立場を明確にしたうえで検討を行なうべきである。そのようにして初めて、どのような内容のテレワークを、いかに導入するのかを個別具体的に検討するうえで有益な視点を得ることができる。

　ただし、各論者が、どのようなテレワークについて、どのような立場から議論しているのかに踏み込んでいくと、その多様さ・複雑さ、そして、テレワークをとりまく環境変化の速さのために収拾がつかなくなるおそれがある。そこで、そもそもテレワークとはどのような働き方であるのかについて、多様な形態のテレワークに共通するところをあらかじめ抽出したうえで、テレ

ワーク全般についての議論を整理しておくことが有益であると考えられる。

　そうした整理により、企業側の視点からすれば、どのような形でテレワークを導入すべきかをより具体的に議論でき、テレワーク従事者である就労者・生活者の視点からは、契約の問題などにどのような注意を払うべきかが明らかとなる。また政府等の政策立案者の視点からは、テレワークに対してどのような規制をすべきかが明らかになるほか、法律家の視点からは、各種の規制をどのように適用し、紛争をいかに解決すべきかの議論に資することができると考えられる。

　そこでまずは、テレワークの本質について整理をしておきたい。

第2　テレワークの本質

1.「時間と場所の柔軟性をはかれる働き方」は本当か

　テレワークとは、「ICT（情報通信技術）を利用し、時間や場所を有効に活用できる柔軟な働き方」（総務省ホームページ）であるなどと説明されているが、テレワークの本質を考えるうえでは、これについてさらに踏み込んでとらえることが必要である。

　上記の総務省の説明からは、テレワークが本質的に「時間」と「場所」の双方の柔軟性をはかることのできる働き方であるかのような印象を受けるが、この表現は誤解を招きかねない。なぜなら、テレワークとは情報通信技術を活用することにより、就労の「場所」をオフィス（事業場）以外とする働き方であり、働く場所に柔軟性があることはその本質であるといえるが、テレワークによって「時間」の柔軟性が当然に高まるわけではないからである。時間の柔軟性については、一定の形態のテレワークについて、場所的な柔軟性が増加することで、労働時間の柔軟性も副次的に高まることが期待できるというにすぎない。

　つまり、時間の柔軟性はテレワークに本質的なものではなく、重要ではあるが、副次的な効果にすぎないのである。

2. 通常勤務と違いのない「労働時間の規制」

　では総務省のホームページでは、なぜ「時間」と「場所」双方の柔軟性を
はかることのできる働き方であるとの表現となっているのだろうか。それは、
雇用契約を主とする労働契約関係にある労働者が行なうテレワーク（以下
「雇用型テレワーク」という）と、請負・準委任（業務委託）契約を主とす
る労働契約関係以外により行なうテレワーク（以下「自営型テレワーク」と
いう）の双方を含めて議論をしているからだと考えられる。

　確かに、自営型テレワークは企業から独立して自由に働くものであり、労
働時間規制の外にある就労時間の柔軟性が高い働き方であるが、それはテレ
ワークであるがゆえに有する特徴ではない。そもそも業務委託や請負にもと
づいて役務を提供する場合には、働く時間は自営業者自らが自由に決定でき
ることが原則であり、本質的に「時間」の柔軟性を有する働き方であるとい
える。つまり、自営型テレワークの場合は、「テレワーク」だからではなく、
「自営業者」だから、時間を柔軟に扱えるにすぎない。これに対して、テレ
ワークといっても、それが雇用型である限りは、労働時間規制が通常勤務と
同様に適用され、その面では通常勤務とテレワークとの間に本質的な違いは
ない（この内容については後述する）。

　つまり、雇用型にせよ自営型にせよ、あるいは専門業務型裁量労働制の対
象業務をテレワークで行なうにせよ単純労働をテレワークで行なうにせよ、さ
らには自宅でのテレワーク（在宅勤務）にせよ駅や空港などでの空き時間を
利用したテレワーク（モバイル勤務）にせよ、場所的な柔軟性こそが、テレ
ワーク一般に共通する特質であり、これがテレワークの本質であるといえる。

　むろん雇用型テレワークであっても、移動中などに、細切れ時間を利用し
て行なうモバイル勤務などは、その性格上、時間的な柔軟性が高いというこ
とができ、また育児や介護との調和をはかるための在宅勤務においては、労
働時間を柔軟に運用できる制度的工夫をすることが、そのような働き方を導
入した意味を活かす方策であるといえる。

　しかし、雇用型である以上、時間規制はテレワークにも当然に及ぶ。モバ

イル勤務であっても、情報通信技術により、オフィスにいるのと同様または
それ以上のレベルで時間管理が可能である。逆に、自営業ではなく、テレ
ワークでもない通常のオフィス勤務の場合であっても、フレックスタイム制、
裁量労働制、いわゆる高度プロフェッショナル制などを採用することによっ
て、勤務時間の柔軟性は実現できるのである。

このように、「時間」の柔軟性が高まることや柔軟性を高める必要性があ
ることは、テレワークの重要な特長であるとはいえるが、その本質であると
はいえない。

3.「離れた場所での勤務」が本質

したがって、身も蓋もない言い方になるが、雇用型も自営型も含めたテ
レワーク一般について、その本質を考えるなら、読んで字のごとく「テレ」
（「遠い」という意味の接頭語）で「ワーク」するというにすぎない。

ちなみに、日本の法制度のなかにはテレワークについての定義規定はない
が、アメリカでは、連邦法としてテレワーク強化法（Telework Enhancement
Act of 2010）があり、連邦職員のテレワーク利用促進について具体的な定め
をおいている。そこでは、「テレワークとは、職員が、その地位にもとづく
権限や責任の行使その他の活動を、その職員がそうでなければ行なうであろ
う場所以外の承認された場所で行なう業務柔軟性措置をいう」とされている。
この定義で示されているのは、場所的柔軟性のみである。

このように、テレワークの本質が「離れた場所での勤務」であるというに
すぎず、通常勤務とそれ以上の本質的違いがないということを理解しておく
ことは、労働時間、安全衛生管理、差別禁止等々についての法規制・行政規
制に関する諸問題や、労務・雇用管理等のテレワーク導入の実務的留意事項
を考えるうえで有益であり、テレワークを導入するうえで明確に意識してお
くべきことである。

ただし、テレワークの本質がそこにあるとはいっても、政府が旗振りを行
ない、また巷で議論されているテレワーク概念には、前述のとおり、そこに

若干の性格づけがされている。それを端的に示しているのが、厚生労働省の「情報通信技術を利用した事業場外勤務の適切な導入及び実施のためのガイドライン」（以下「雇用型テレワークガイドライン」という）である。このガイドラインの表題で、テレワークは「情報通信技術を利用した事業場外勤務」とされており、情報通信技術の利用という性格は、テレワークに本質的なものではないものの、このガイドラインでは、テレワークを論じる場合の当然の前提とされている。

　この点は、テレワークの周辺概念や、テレワークの類型などをみてゆくと、さらに明らかになってくる。

第3　テレワークに関連する用語と概念

　以下では、テレワークに関連する各種の制度や概念を取り上げ、具体的に比較検討することにより、テレワークの本質や位置づけを確認していきたい。

1．新しい類型の就労者

　情報通信技術に関連する業務分野の拡大により、次のような新しい類型の就労者が出現しており、その多くがテレワーカーである。

❶ノマドワーカー

　ノマドワーカーとは、オフィスではなく、喫茶店や図書館などのさまざまな場所で、情報通信機器を利用して自由に仕事を行なう人々を表わす言葉であり、「遊牧民」（ノマド；nomad）という言葉に由来する。したがって、いわゆるノマドワーカーは、テレワーカーのなかでもモバイルワークを中心とする人々であり、労働契約関係にあることはきわめて稀であって、自営型テレワークで働いている場合が多い。

　自営型テレワークとは、上述のとおり請負・準委任（業務委託）契約を主とする、労働契約以外の契約により行なうテレワークである。この場合、働く場所だけでなく、働く時間についても働く側が自由に決めることができる。

そのためノマドワーカー的な働き方は、「遊牧民」の名称が表わすような、時間的にも場所的にも、きわめて自由度の高い働き方である。しかし、ノマドワーカーなどの自営型テレワークは、法的な規制面では非常に保護の薄いものである。したがって、ノマドワーカーは、自営型テレワーカーの一種として、安定性を犠牲にして自由度の高さを得ている働き方であるともいえる。

❷ゴーストワーカー（ghost worker）

日本で「幽霊社員」といえば、在籍しながら、長期間の傷病休職等で実際の業務にほとんど就いていない社員を考えるかもしれない。アメリカにおいても、同様の意味で使用されることはあるが、最近注目を集めているゴーストワーカー（ghost worker）とは、GAFAなどのIT企業の提供する高度なAIサービスの質を支えるために、サービス内容のチェック等を行なう人々を指している。アメリカで2019年に出版された『Ghost Work』と題する本のなかで、「これらの人々の仕事が、IT企業のサービスのなかに埋もれ、表面に出ることはない」という意味で、ghost workと呼ばれているのである。同書では、これらの仕事を契約単位で行なう就労者が、新しい下層階級を形成しかねないと警鐘をならしている。

ゴーストワーカーは必ずしもテレワーカーである必要はないが、どこでも仕事ができるという性格上、自営型のテレワーカーであることが多い。

❸ギグワーカー（gig worker）

ギグ（gig）とは、もともとは1頭引きの小型の馬車を意味する言葉である。それが、スラングとしてジャズ演奏家の演奏の仕事を指すのにも使用され、近時のアメリカでは、フリーランサー、独立請負業者、プロジェクトベースの労働者、一時的またはパートタイム労働者などの仕事を指す言葉として使用されている。通常は、雇用関係のない契約ベースの業務委託的な働き方で就労する人々を意味するが、その拡大にともない社会問題化しており、アメリカでは、次第にこれを労働者と位置づけてゆこうと法制度が整備されつつある。

ここで考えられているギグワーカーは、何らかの形のテレワーカーである場合がほとんどであり、主として自営型のテレワーカーである。

2. テレワークに関連する概念

　以上、新しく登場した働き方のいくつかの類型をみたので、次に、テレワークに関連する働き方の概念について、簡単な整理をしておくこととする。

❶在宅勤務

　テレワークと聞いて、多くの人は「在宅勤務」が真っ先に思い浮かぶと思われるが、働く場所について考えた場合、テレワークにはサテライトオフィス勤務、モバイル勤務などもあり、在宅勤務はテレワークのなかの、ひとつの典型的な働き方にすぎない。また、自営型テレワークも含めて議論をするのであれば、「在宅勤務」という用語よりも「在宅ワーク」を用いるほうが適切である。したがって、在宅「勤務」とは、暗黙のうちに雇用型テレワークを指すものと考えられる。つまり、「在宅勤務」とは、テレワークのなかの限定された一類型を示す言葉といえる。

　加えて、一般に在宅勤務といった場合、フルタイムでの恒常的な勤務を思い浮かべがちであるが、現実に在宅勤務を導入した企業をみると、特定の日や特定の時間だけの在宅勤務を認めている例も多い。

　その極端な例として、午後に客先訪問を予定している営業社員が、上司の許可を得て、午前中に自宅で資料を整理するなど、その日の午後の訪問業務の準備をする場合を想定してみよう。この自宅での準備時間も含め、その日一日の就業に対して、事業場外みなし労働時間制を適用したり、それらの時間を把握できたとして、個別具体的に、午前の自宅での準備時間についても、出社と同様に取り扱って、賃金支払いの対象としたとする。このような場合、正式の制度としてテレワークを導入していなかったとしても、午前中の自宅での準備業務は「在宅勤務」であり、テレワークの一例ということができる。

　上記のような事例もテレワーク（在宅勤務）であるといえることを考えれば、テレワーク導入事例として一般に紹介されている内容がどの程度のテレワーク制度なのかは、注意してみなければならないことが理解できる。このように、ごく少数の対象者についてや、個別の例外的な場合の在宅勤務の許容をもって、「当社もテレワーク制度（在宅勤務制度）を導入し大いに効果

を上げている」と述べている場合もないとはいえない。

ちなみに、ここでは典型的なテレワークとして在宅勤務を取り上げたが、同じことは、モバイル勤務やサテライトオフィス勤務にも当てはまる。したがって他社の事例を参考にする際は、導入したとされるテレワーク制度が、実際にどのように運用されているのか、その内容を十分に吟味する必要がある。

❷持ち帰り残業

「持ち帰り残業」は、場所的にオフィスや作業場から離れて行なわれているという意味で、テレワークの一種のようにみえる。そして、もしこれが「勤務」として把握され、適切に管理されているのであれば、「在宅勤務」の一種ということもできる。

しかし持ち帰り残業は、勤務として把握されていないことが大半であり、それが完全に自発的に行なわれ、使用者が知りうる余地もないものであれば、それは当該労働者の私的な活動というべきであって、テレワークどころか、そもそも労働でもなく、時間規制の対象にも、賃金支払いの対象にもなりえない（この点については、Ⅱ章第3の4(2)参照）。

ただし、それらが研修や自己研鑽といえる内容のものではなく、具体的業務遂行と直結した内容である場合は、その前後の業務遂行状況等から、使用者の明示もしくは黙示の指示、または少なくともそのような行為についての認容があるとされる可能性が高い。そして、そのような指示・認容があるとされるなら、原則に戻り、在宅勤務の労働時間として、時間規制の対象に含まれ、違法な賃金の不払いがあるとされるおそれがある点に注意が必要である。

また、使用者がいわゆる隠れ残業として意図的に持ち帰り残業をさせているような場合は、明らかに労働時間に当たり、それに対する賃金や割増手当を支払わなければ、違法である。それが発覚しなければ、短期的なコスト削減効果はあるかもしれないが、それは従業員の犠牲のうえに成り立っているにすぎない。そのような行為は、行政上の時間規制に対する違反や民事上の不法行為として違法となりうるだけでなく、社内に放置され蔓延するなら、労務管理を適正に行なうことができずに、従業員のモチベーションが低下し、

中長期的には企業の成長を蝕むことになる。

❸出張先や客先での営業活動

上記❶の営業社員の事例の、客先訪問等の営業活動部分は、事業場外での業務遂行であるので、テレワークの一種のようにみえるが、一般的にはテレワークとはみなされない。

これについて考える際に役に立つのが、前述したアメリカのテレワーク強化法の規定である。営業社員の客先での営業活動は、本来的に客先に赴くことが予定され、もともと事業場内で行なわれることが予定されているものではないので、「そうでなければ行なうであろう場所以外の承認された場所」（米国法での定義）で行なわれているとはいえない。逆にいえば、営業活動であっても、本来は客先に出向いて行なう営業活動を、情報通信技術を利用して在宅で行なうのであれば、これは、本来的なテレワークであるといえる。

もちろん、日本において、テレワークとは何かを考えるうえで、アメリカの法律上の定義を使用することは適当ではない。そこで、わが国の雇用型テレワークガイドラインをみると、テレワークとは「情報通信技術を利用した事業場外勤務」とされている。この定義によっても、客先や出張先での営業活動はテレワークではなく、それらを、情報通信技術を利用して在宅で行なうことが、テレワークということができる。しかし、情報通信技術を使用して本来客先で行なう営業活動を客先以外の場所で行なう場合であっても、その業務を行なう場所が自宅ではなく、本来の事業場内であるなら、通常勤務の内容が特殊なものというだけであって、これをテレワークということはできない。

このように整理をしておくことで、「テレワークとは何か」についての議論の混乱を避けることができる。

❹フリーアドレス（オフィス）

オフィスにおいてフリーアドレス制を採用する企業が近年増加している。フリーアドレス制とは、オフィスにおいて、社員が自席をもたずに、働く席を自由に選択できるものとする勤務形態で、テレワークに関連する働き方である。もともとは、狭いオフィススペースを有効に使用するために採用され

た就労方法であるが、働く「場所」（デスク）はオフィス内に限定されるとはいえ、就労者が自由に決められる。すなわち「勤務場所の柔軟性を高める」性格を有する制度であり、テレワークに近接する働き方であるといえる。

　もちろん、働く場所が会社施設内であることを前提とするフリーアドレス制は、「テレ」ワークの一種ではないが、「場所的に柔軟な働き方」という性格は、従来型の働き方とは大きく異なるものであり、その延長上にテレワークがあると考えることができる。

　両者には概念的な類似性があるだけでなく、その導入において、円滑なコミュニケーションの確保などにつき、程度の差こそあれ、テレワーク導入と同様のむずかしさが存在する。そのため、企業においてはテレワーク導入の前提として、フリーアドレスの導入を考えることが有益な場合が多い。

　たとえば、フリーアドレス制のもとでは、オフィスでの勤務であっても、「どの場所（デスク）に行けば、どの社員がいる」という形で就労場所が固定されているわけではないため、導入以前と同じような形で仕事を進めることができにくくなる。これは、特に大規模なオフィスにあっては、テレワークの導入時に克服しなければならないコミュニケーションの維持に関する困難に通じるものである。そして、この困難を克服し、社員間のスムーズな意思疎通をはかるためには、電子メールやチャットなどの情報通信技術を適切に用いるなどの対策が自然と必要となる[*1]。すなわち、フリーアドレス制での勤務形態を整備していくことは、テレワークを円滑に導入する適切な前提となりうるのである。

　フリーアドレスの導入により、業務効率が向上した、あるいは逆に低下し

[*1]　フリーアドレス制のこのような問題に対処するため、選択できる席の区画を制限することも考えられる。そして、このような制限は、フリーアドレス制のメリット発揮とトレードオフの関係に立つので、時限的に設けるなどの工夫を必要とする。また、まったく自由に席を選べるとすると、不安になる社員もいると予想されるので、その不便解消のために空席を選べるシステムを導入することも考えられる。
　フリーアドレスの導入においては、そのメリットを活かし、弊害を抑えるために、このようなきめの細かい配慮をすることが有益であるといえるが、テレワークにおいても、それまでの働き方との違いが大きいほど、そのメリット発揮のための種々の配慮の必要性が高くなる。

たなど、成功例と失敗例がいろいろと報告・議論されているが、これはテレワークの成功・失敗と類似する問題状況であるといえる。これに関連する問題は、テレワークの導入を取り上げるⅢ章の第5で、あらためて検討したい。

第4　テレワークの各種形態

　以上、テレワークの本質およびその周辺の制度との対比などを順不同でみてきた。それらのなかでも若干触れたように、テレワークという働き方は、その性格に応じて、いくつかの類型分けが可能である。以下では、各種テレワークをその形態により分類整理したい。

1．契約形態（就業実態）による区分
❶雇用型テレワーク
　雇用契約を主とする、労働契約関係にある労働者が情報通信技術を利用して行なう事業場外勤務が雇用型テレワークであり、労働法規の適用を正面から受ける働き方である。

　しかし、本来労働法規の適用において前提とされるのは、事業場内での就労であることから、事業場外勤務のテレワークを規律するには、その適用に関して若干の注意が必要となる。また現時点では正社員のテレワーク勤務を主として念頭において議論されているが、いわゆる非正規社員（有期雇用労働者、パートタイム労働者、派遣労働者、契約社員、嘱託など）の労務の提供にまでテレワークの利用は拡大するであろうことから、それら労働者の保護政策として要請される同一労働同一賃金等の労務政策上の視点も重要性を増してゆくと考えられる。

❷自営型テレワーク
　厚生労働省の採用する「自営型テレワークの適正な実施のためのガイドライン」（以下「自営型テレワークガイドライン」という）では、自営型テレワークとは、「注文者から委託を受け、情報通信機器を活用して主として自

宅又は自宅に準じた自ら選択した場所において、成果物の作成又は役務の提供を行う就労をいう」ものとされている。そしてこの定義に付言して、括弧書きで、「法人形態により行っている場合や他人を使用している場合等を除く」との記載もある。これは、個人の働き方の問題として自営型テレワークを取り扱うために、会社などの事業者が業務委託や請負などにより業務を遂行する場合を、自営型テレワークの概念から除外する旨を注記したと考えられる。

　自営型テレワークを個人の働き方として考えた場合、それは請負・準委任（業務委託）契約を主とする、労働・雇用契約以外の契約により就労する形であり、就労の場所だけでなく時間についても、自営業者として自由に決めることができるため、働く時間と場所の双方に柔軟な働き方であるといえる。しかし、前述のとおり、労働法規の適用はないため、自営型テレワーカーは、自由のために安定を犠牲にしていることになる。

　これが、本人の自由な意思にもとづく選択の結果であるのなら問題はないが、本人は正規雇用を望みながら、ノマドワーカー的な就労などにより自営型テレワークの形での不安定な就労を強いられている場合については、待遇面での最低保障をどのように確保するかなどの問題が残る。これらについては法的・行政的保護をどのように与えるかが問題となり、これに労働法規の適用を広げるためには労働者概念の拡大を行なうことが必要となる。また、「労働」の分野以外で就労者を保護するためには独占禁止法等の適用拡大などが考えられる（この点については、Ⅱ章第1の1参照）。

　企業の側としても、自営型テレワーカーの利用にあたっては、そのような観点を意識することが、コンプライアンス上からも、法的紛争回避の観点からも必要となることに留意するべきである。

2．就労場所による区分

❶在宅ワーク

　自宅で業務を行なう形態であり、雇用型（在宅勤務）と請負・委託型がある。また雇用型についても、フルタイムとパートタイムの2パターンに分か

れる。さらに正社員である場合や契約社員、派遣等の非正規社員である場合などがある。

❷サテライトオフィスワーク

当該労働者の属するメインのオフィス以外のサテライトオフィスや、社外のワーキングスペースで業務を行なう形態である。その性格上、自営型テレワークは想定しがたく、原則として雇用型で行なわれるもの（サテライトオフィス勤務）が中心となると考えられる。

❸モバイルワーク

移動中の駅や空港、顧客先、カフェなど、臨機応変に選択した場所で業務を行なう形態であり、雇用型（モバイル勤務）と請負・委託型の双方があると考えられる。雇用型テレワークでは、モバイル勤務は、臨時的・例外的な勤務形態と考えられる。これを主に行なうのは主として自営型であり、前述のノマドワーカー的な働き方であると整理できる。

3. 通常勤務とテレワーク勤務の時間割合による区分

❶フルタイムでのテレワーク

テレワークでの就業形態には、上述のとおり在宅ワーク、サテライトオフィスワーク、モバイルワークのいずれか、またはその組み合わせなどが考えられるが、フルタイムでのテレワークとは、原則として一切出社しない形態である。自営型テレワークではむしろこれが原則と考えられるが、雇用型テレワークの場合は、子育て中など一定の時期以外は、フルタイムでのテレワーク勤務は、むしろ例外と考えられる。

❷業務の一部のテレワーク化

勤務日の一部や、一日の労働時間の一部をテレワークとするもので、雇用型テレワークでは、このような形態のテレワークが多いと考えられる。一方、自営型テレワークでは、業務の一部だけのテレワーク就業は、例外的といえるであろう。

雇用型テレワークにおいては、勤務の一部についてのテレワーク化が原則

となるとはいっても、どのような業務を、どのような基準でテレワークとするのか、その定め方はさまざまである。たとえば、通常はオフィスで勤務をしている者に対して、駅や空港などでの待ち時間等を利用して仕事をすること、言い換えると一時的な仕事の仕方を認め、それが指揮命令下で行なわれると評価できるなら、これは、いわゆるモバイル勤務としてのテレワークになりうる。あるいは、いくつかの業務を受け持つ契約社員等に、データ入力などの特定の種類の業務遂行についてのみモバイル勤務や自宅勤務等のテレワークを認めたり、どのような業務であれ、半日単位でテレワークを認めるなどの導入方法も考えられる。

　また、テレワーク制度を導入するには、試験的な運用を経て本格導入へと進むのが一般的だが、その過渡的な勤務形態として、試験的に各種の業務の一部分をテレワーク化することも考えられる。

　このように、どの範囲までテレワークを認めるかは、そのテレワークの態様や目的、必要性に応じてさまざまでありうる。

4．勤務態様の選択権の所在による区分

❶テレワーカーに選択権を付与する場合

　上記では、どのような場所で、どの程度の時間、どのような内容・形態のテレワークを行なうかを類型的にみたが、それらについて、その選択権をどのように配分するかにより類型化ができる。この点については、契約の類型によって違いがある。自営型テレワークの場合は、これらすべてについてテレワーカーに完全な選択権があることが原則だが、雇用型テレワークでは、原則として使用者の指揮命令下にあると考えられるため、テレワーカーに完全な選択権を与えることは、むしろ例外といえる。

❷注文主・使用者に指定する権限がある場合

　しかし、雇用型テレワークであっても、業務の一部にテレワークを認める場合にあっては、その内容・程度・形態などに関する指定の権限が使用者だけにあるとすることはむしろ例外と考えられる。これには、育児や介護の必

要性から在宅勤務となる場合だけでなく、リフレッシュのための、田舎での
サテライトオフィス勤務などの場合も考えられる。このような場合、一定の
選択権を従業員に付与するほうが自然であるが、どの程度まで自由な選択権
を付与するのかなど、個々の具体的な状況に応じて、制度を慎重に構築する
必要がある。

第5　テレワークが注目される時代背景

1．働き方改革との関係

　ここまで、テレワークの概念をいろいろな方向から整理してきたが、その
導入を検討するうえでは、テレワークが、なぜいま注目されているのかを考
えることが有益である。

　ひとつには、政府が「働き方改革」の一環としてテレワークを推進してい
ることがあげられる。第196回国会の最重要法案とされ、2018年に成立した
「働き方改革を推進するための関係法律の整備に関する法律」、いわゆる働き
方改革関連法は、投資やイノベーションによる生産性向上とともに、就業機
会の拡大や意欲・能力を存分に発揮できる環境をつくることを目的とするも
のである。

　この働き方改革関連法自体には、テレワーク制度の導入に関する規定は含
まれていないが、前年の平成29年（2017）３月28日に決定された働き方改革
実行計画では、「５．柔軟な働き方がしやすい環境整備」として、テレワー
クに関する実行計画が盛り込まれている。そこでは

　・雇用型テレワークのガイドライン刷新と導入支援

　・非雇用型テレワークのガイドライン刷新と働き手への支援

　・副業・兼業の推進に向けたガイドラインや改定版モデル就業規則の策定

などが定められ、テレワークの普及に向けての政府の積極的な姿勢が示され
ている。このように、政府の働き方改革の重要な柱のひとつであるテレワー
クの推進は、ワークライフバランスや生産性向上を促す施策であり、

・テレワークによる働き方改革を普及することで、一億総活躍、女性活躍を推進する

・テレワークは社会、企業、就業者の三方向にメリットをもたらす

として、総務省、厚生労働省、経済産業省、国土交通省の4省が、テレワークの周知・啓発、助言窓口の設置や専門家の派遣等の導入ノウハウの支援、助成・補助等々を多角的に検討し、普及に向けた各省の取り組みを共有し、連携施策を推進している。

　こうした、テレワーク普及の政策・取り組みにより、テレワークの導入は、まさに時流に乗っているテーマであるといえる。しかし、政府の取り組みは、どちらかといえば前のめりであり、そのまま安易に受け入れることはできない。制度導入の主体である各企業としては、自社の業務内容や状況を見直し、それを踏まえた慎重な検討・取り組みこそが必要とされる。

　そこで以下では、政府の旗振りとは別に、テレワークはなぜ普及し拡大してきたのか、そしてそれは今後とも続くものなのか、また企業としてテレワークに取り組まなければならない理由はどこにあるのかを問い直すとともに、テレワークをとりまく時代背景を検討したい。

2. 知識集約型産業の拡大および情報通信技術の発展

　テレワークは現在、わが国政府の政策により積極的に推進されているが、その普及が期待される真の理由は、政策的な旗振りによるものではなく、知識集約型産業の拡大および情報通信技術の発展などの社会的な要因によるところが大きい。そのことは、前述したノマドワーカーなどの新しい働き方が、日本のみならず、世界各地で拡大していることにも示されている。また、以下に述べるとおり、過去からの経緯を踏まえても、テレワークの拡大は時代の趨勢であると考えられる。この意味で、政府の取り組みいかんにかかわらず、テレワークは今後も量的・質的に普及、拡大していくものと予想される。

(1) テレワークの進展は時代の要請

　アメリカの評論家で作家でもある未来学者のアルビン・トフラーは、すで

に1980年代の著作『第三の波』で、「エレクトロニック住宅」として在宅ワークを取り上げていた。当時、最先端として言及されていた機械は「高性能タイプライター、ファクシミリの送受信機、コンピューターの操作卓、テレビ会議用の設備」程度であったが、トフラーは、それらを利用して、未来での在宅勤務の様子を描いていた。そこでは、通勤が不要になること、環境問題等に社会的な有用性があることなどのテレワークのメリットだけでなく、組織における直接のコンタクトの重要性を含むテレワーク導入のむずかしさにまで言及するなど、きわめて先見性の高い、かつ刺激的な内容が記されていた。

1980年代当時、わが国ではテレワークを働き方のひとつとして想像することすらむずかしく、ホワイトカラーが担う業務でも、会社員は、出社してオフィスで机を並べて働くことが、当然と考えられていた。そのような時代にトフラーは、そもそも大量の人員が工場に集められ大量生産に従事するようになったこと、それに伴い、大量の人員が工場やオフィスなどに出勤するようになるといった働き方の変化は、時代の要請にすぎないことを指摘していた。そして、それ以前の農業を中心とする長い時代において、仕事は本来、家庭単位で行なわれるものであったとして、科学技術の発達により、人間の仕事の仕方は、そのような本来の形に回帰するであろうと述べていた。

ようやく実現しつつあるこの先見的な予測からみると、昨今のテレワークの普及までには想定外に長い時間を要したともいえる。しかし、知識集約型産業の拡大および情報通信技術の継続的な発展により、ようやくにして在宅勤務が普及してきていると考えられ、その流れは、一時的な流行などではなく、不可逆的なものとして今後も変わらないであろう。

ただし注意すべきは、在宅勤務を中心とするような働き方に関しても、単純に工場労働以前の家族単位の農業社会の状態に戻るわけではないという点である。そこでは、家族のあり方が変わっていくというだけでなく、サービス産業、知識集約型産業が進展し、就労形態が多様化していくなかで、ノマドワーカーなどにもみられるように、労働契約関係の枠を超えて、在宅勤務も「多様な働き方のひとつ」となっていくと考えられる。その意味では、ト

フラーの予言を超えた動きがすでに始まっているといえる。

(2)　テレワーク導入で企業競争力は高められるか

　1980年代といえば、製造業において、大量生産から多品種少量生産へと時代が転換していることが指摘されていた時代である。現在は多品種少量生産からさらに進み、3Dプリンタにみられるように、個別の多様なニーズに短期間で応える形で多様な製品が生み出されるようになった。このような製造現場での進展も、仕事内容の変化として、働き方に影響を与えていると考えられる。そこに、Amazonを代表とするインターネットを利用した物流革命も相まって、人々の消費の形態が大きく変化しており、このようなニーズの移り変わりに呼応する形で新しい産業が興り、当然ながら、これに応ずる形でも、働き方の多様化が進んでいる。

　加えて、少子高齢化により、優秀な人材の不足が企業活動のボトルネックとなりうるなかで、テレワークをはじめとした多様な働き方を適切に導入することは、優秀な人的資源を確保し、かつ有効に活用するにあたり欠かすことができないものとなる。

　すなわち、テレワークを導入することは、ビジネス環境が大きく変化するなかで企業競争力を高める重要な方策のひとつであり、この潮流に乗り遅れることは、中長期的にみると多様な働き方を推し進めている企業に比べて、相対的な競争力が低下することを意味する。したがって、政府の旗振り云々は別としても、企業が競争力を高めていくためには、働き方改革に積極的に取り組むべきであり、適切な形でのテレワーク導入は、そのひとつととらえられる。

　現在、単純労働における労働力が不足し、外国人労働者への門戸開放の必要性がいわれるが、単純労働力の不足は、中長期的には通信技術・AI・ロボティクスなどにより緩和してゆくことが見込まれる。一方で、企業の競争力を左右するであろう優秀な技術者などの人材確保の重要性は増してゆくことが予想される。このような変化のなかで人事部門は、企業経営における Human Resource Management としての重要性がこれまで以上に増していく

はずである。

3. 労働・雇用問題の状況変化

(1) 集団的労使関係に重点がおかれた時代の終焉

　人事部門の重要性がこれまで以上に増してゆくと述べたが、ここで労働・雇用問題が時代とともにどのように推移してきたのか、そしてどのように展開していくと考えられるのかをみておきたい。

　わが国では戦後から1970年代頃まで、労働・雇用の主要な法律問題は集団的労使関係に関するものであり、当時は、労働組合が企業経営に非常に大きな影響を及ぼしていた。労使関係が不安定な企業は、その中長期的な発展が制約を受けるにとどまらず、事業の破綻にすら至りかねず、「労務倒産」などという言葉もよく耳にした。当時は、企業が発展するには、労使関係が円滑に進むことが肝要であり、人事部門だけでなく、経営側の立場で人事労務を扱う法律家にとっても、労働問題といえば組合問題がその中心であった。

　しかし、冷戦終結に先立つ1980年代以降、労働組合問題は、世界的な傾向として重要性を失ってきた。むろんその程度は、各国の政治・社会体制によって違いはある。労働組合が社会経済体制に組み込まれ、いまなお組合組織率が高く、社会的にも重要な機能を果たして、社会の安定に大きく寄与している国もあるが、全体的傾向として労働組合組織率は、世界的に低下の一途をたどってきた。その原因は、ソビエト連邦の崩壊などに代表される、社会・共産主義思想の後退によるというよりも、むしろ社会の多様化にともない工場労働など単一の集団労働が減少し、それにより労働者の連帯感が薄れてきたことに、大きな原因があるように思われる。

(2) 個別労働問題を中心とする時代

　日本でも1990年代以降、労働問題といえば集団的労使関係よりも個別労働の問題が、法律家の間でも次第に議論の中心となってゆき、その傾向が後戻りすることはなかった。これは、集団的労使関係の重要性が縮小してゆく一方で、個別労働問題、たとえば正規労働者を中心とする雇用問題、非正規労

働者の量的・質的増大、雇用均等問題、ハラスメント問題などの量的・質的拡大があった。

加えて、2000年代に政府が進めた司法制度改革の一環として労働審判制度が導入されると、これを契機に個別労働紛争の司法的解決が大いに促進され、労働側・経営側の弁護士が共通の課題として個別労働紛争に取り組むようになった。この頃には、労使の敵対的関係が従前より薄れていたことも、それを後押ししたようである。

(3) 新しい「労働問題」の発生

そして今日、労働問題の中心をなしてきた個別労働契約関係自体にも変化が生じている。それは、働き方改革が政労使で活発に論じられているように、従来の雇用の枠組みを超えた就労形態、具体的にはバイシクルメッセンジャー、ウーバーイーツ従事者、ノマドワーカー等々が生まれるなど、新しい働き方の問題を考えなければならない時代となっていることによるものである。

このような変化も世界的規模で生じており、これは働き方改革についての政府の政策的な旗振りなどに起因するものではなく、情報通信技術を中心とする技術の発展にその原因があると考えられる。そして、AIやロボティック・プロセス・オートメーション（Robotic Process Automation；RPA）などの新しい技術のさらなる普及拡大は、人々の働き方をさらに大きく変えていくことが見込まれる。

そこでは、かつて議論されていたジョブ・セキュリティの考え方も、解雇制限だけではとらえられない複雑な様相を呈するようになっていくであろう。このように働き方の変化の大きな流れにおいて、多様化・個別化への方向性は一貫しており、かつ不可逆的なものといえる。

テレワークについても、その利用拡大は歴史的に不可避であり、企業間競争を勝ち抜くためにも、その適切な範囲での導入の検討は避けて通れない。したがって、政府の旗振りに応じて前のめりになりすぎる必要はないが、このような変化に乗り遅れることのないようにすべきである。

第6　テレワーク導入のメリットとデメリット

　ここまで、テレワークの多様性およびその本質を踏まえて、適切な範囲・方法でのテレワーク導入が必要であることをみてきたが、各企業において導入を進めるにあたっては、それぞれの事業に適した形のテレワークを、どのように、どの範囲に取り入れていくべきかを検討することが、その第一歩となる。この点を十分に検証することなく、安易にテレワークを導入・開始することは、コストの増加を招くだけでなく、社内コミュニケーションや業務効率に悪影響を与え、生産性を低下させかねない。

　そこで、テレワークの基本的な理解のまとめとして、またテレワークの導入を考える前提として、テレワークにより期待できるメリットと、生じうるデメリットについて、概括的に整理したい。

1．テレワーク導入により期待できるメリット

　テレワーク導入のメリットを、社会・企業・就業者の三方向からみてみると、次のようなものがあげられる。

〔企業のメリット〕
- ・生産性の向上
- ・優秀な人材の確保、離職抑止
- ・コストの削減
- ・事業継続性の確保

〔就業者のメリット〕
- ・多様で柔軟な働き方の確保（ワークライフバランス）
- ・仕事と育児、介護、治療の両立
- ・通勤時間の削減

〔社会全体のメリット〕
- ・労働力人口の確保
- ・地域活性化

・環境負荷の軽減

　以上は、便宜上三方向に分けてみているが、これらのメリットは単に、企業だけ、就業者だけという一面的な性格を有するものではなく、社会・企業・就業者などの対象ごとに切り分けることはできない。そこで以下では、上記でメリットとされる各項目ごとに、それがどのような人々に享受されると期待されるのかを若干詳しくみていくこととする。

❶ワークライフバランスの実現

　就労者にとってテレワークでの就労は、その副次的な効果として、場所的な自由度だけでなく、時間的自由度をも高めることにより、柔軟な働き方を実現しやすくなる効果がある。また通勤の負担の減少は、2020年の東京オリンピック・パラリンピック開催時に予想される交通渋滞の解消などにも効果があると考えられている。

　雇用型テレワーカーを使用する事業者にとっても、通勤が不要となることでコストの削減が見込めるほか、通勤等によるロスタイムを減少させるので、業務効率の向上も期待できる。

　このようなメリットは、リゾート地などでのサテライトオフィス勤務によるリフレッシュ効果を例にとると、労使双方にとってさらに顕著であり、それは、社会的にみても、地域の活性化にとって有益である。

❷育児・介護と仕事の両立

　育児・介護と仕事の両立は、自営型の就労者にとっては問題となることが比較的少ないが、就業の時間と場所が拘束される雇用型の就労者にとっては（特に長時間労働との関係で）重要な課題とされてきた。この点について、適切な形態のテレワークを導入することは、普段の生活の場での業務遂行を可能とし、育児・介護と仕事の両立を実現する助けとなるものといえる。

　労働者にとってこのようなメリットがあることから、雇用型テレワーク制度を導入することは、事業者にとっても、従業員の引き止めやリクルーティングに有利に働くことが期待され、労働力不足対策として大きなメリットがあると考えられる。

❸女性の活躍推進

育児や介護と仕事が両立できることは、女性の活躍推進にも資すると考えられる。これまで育児や介護は相対的に女性の負担とされてきたが、活躍の場を広げたい女性就労者にとっても、また人手不足のなか、事業者にとっても、テレワークは大きなメリットのある働き方である。

❹雇用の継続可能性を高める

育児や介護、とりわけ介護のために離職を余儀なくされる就労者は、男性も含めて増加している。適切なテレワークの導入は、育児や介護の問題を抱える就労者の雇用継続を可能とする効果が期待できる。事業者にとっても、人手不足のなかで人材の喪失防止の観点から、大きなメリットがある。

❺優秀な人材の確保

テレワークを含む柔軟な働き方を採用していることは、育児や介護との両立も含めたワークライフバランス向上の観点から、就労者にメリットが期待できるだけでなく、企業の競争力を維持・向上させるために優秀な人材を採用したい事業者にとっても、採用活動で有利になるほか、採用した人材の確保や引き止めなどでの効果が見込まれる。

❻コストの低減

事業者にとっては、テレワーク導入による通勤費用の低減があげられる。たとえばフルタイムの在宅勤務の場合は、通勤費用は不要となる。業務の一部をテレワークとする場合でも、1週間のうち3日程度しか出社しないのであれば、実費を支弁するにしても通勤費用の低減が見込まれる。

また、勤務のうちの一部分をテレワークとする場合であっても、フリーアドレス制との組み合わせなどで、オフィス面積の効率的利用や、賃料や備品をはじめとするオフィスでのコスト等（事業経費）の低減が期待できる。

❼生産性の向上

モバイルワークを含め、情報通信技術を利用し、どこででも社内にいるのと同様に働ける体制を適切に構築し、これを活用できる人的体制を整えることができれば、業務効率の向上が期待できる。このようなテレワークが可能

となる体制をつくるためには、フリーアドレス制、Web会議の導入をはじめとする働き方の見直しなどが同時に必要となる場合が多い。これらを適切に行なうことで、業務の再構築や間接部門の生産性向上にもつなげられる。

いずれも事業者にとってのメリットと考えられるが、単位時間当たりの生産性を向上できれば、雇用型テレワーカーにとっても、中長期的に待遇面での改善が見込まれるメリットがある。

また、サテライトオフィスを環境のよいリゾート地に設置すれば、単に働く場所の柔軟性が広がるだけでなく、従業員自身がリフレッシュしながら働くことにもつなげられる。

❽事業継続計画（Business Continuity Planning；BCP）

テレワーク導入は、いつでもどこでも仕事ができる体制、工場やオフィスに出社することがなくても事業を継続できる体制を構築することにつながる。また導入にあたっては、セキュリティ対策の確立が不可欠なため、データ保護の体制整備も欠かすことができない。そしてそれらは自然災害、伝染病などの疾病等に対し事業の継続性を高めることにもつながるものである。

この点は、特に事業者にとって、コストをかける価値のある大きなメリットといえるが、テレワーカーにとっても、そのような災害のなかでも就労が継続できるので、収入が維持できるというメリットがある。当然、社会全体にとっても大きな価値をもたらすものである。

❾地域の活性化、環境負荷の軽減

上述のとおり、リゾート地のサテライトオフィスなどでリフレッシュしながら働くことは、地域活性化にも資するほか、社会全体の資源を有効活用し、その効率性を高めるうえでも有益である。

また、テレワークにより通勤負担（通勤コスト）が低減できれば、経済的ロスや環境負荷の低減も期待される。これは、テレワークを行なう主体、すなわち企業や就労者などには直接的なメリットではないが、社会全体に有益性があるため、政策的にテレワークを推進する動機づけとなり、テレワーク導入の公的な助成などの根拠となりうる。

2. テレワーク導入で生じうるデメリット

　上記のような種々のメリットが見込まれるテレワークだが、その制度を適切に構築できなかった場合には、多くのデメリットが生じうる。以下では、多岐にわたるデメリットのうち、主要なものを検討しておきたい。

❶仕事と私生活の区別が曖昧となることによる弊害

　テレワーク従事者にとっての最大の弊害としてよく指摘される点である。

　テレワークでは、どこでも仕事ができることにより、仕事と私生活との区別が曖昧になり、長時間労働を誘発し、ワークライフバランスを損なうおそれがある。また、雇用型テレワークの場合、業務量の配分・その進め方などを適切に管理できなければ、隠れ残業などが誘発され、限度のない長時間労働にもつながりかねない。

　これは、雇用型のテレワーカーが使用者の指揮命令下にあること、そして組織のなかでは同調圧力がかかることから、労使双方に無意識のうちに生じかねない問題である。

　このような問題は、主として生活者としてのテレワーカーにとってのデメリットと考えられるが、同時に事業者にとっても隠れた大きなデメリットとなりかねない。すなわち、仕事と私生活との区別が曖昧になることは、労働時間ではない時間帯であっても「職務」から意識を切り替えることがむずかしく、十分なリフレッシュがはかれないために生産性が低下するリスクが高まることを意味する。したがって、この問題には働く側の工夫も求められるが、雇用型テレワーカーの労務管理のむずかしさと相まって、特に事業者側に慎重な対策が求められる。

　一方、自営型のテレワーカーにとっても、契約関係が不明確なために過剰な要求がなされたり、労働時間などの規制がないために、特に専門性などが乏しい場合には、注文主による優越的な地位の濫用が生じやすく、その結果の過重な負担により、私生活に支障をきたすおそれがある。自営型テレワーカーについては、事業者側に、これを人事問題としてとらえる意識が弱く、専門性が低いテレワーカーはとりわけ、容易に代替がきくと考えられがちで

ある。そのため、テレワーカー側からも、事業者側からも、自発的な改革は
むずかしい。したがって、行政的な救済措置が講じられる必要があるが、自
営型テレワークについてのガイドラインや、現状の法規制をみる限りでは、
まだまだ不十分である。自営型テレワーカーの増加は今後とも見込まれると
ころであり、このような問題については、労働法規の適用を拡大するか、優
越的地位の濫用の禁止等の取引規制の充実をはかるなどの方策が考えられる
が、いずれにしても、これは主として立法・行政の課題といえる。

　事業者としては、このような規制の問題について、コンプライアンスの観
点からの潜在的リスクとしてとらえることが必要である。

❷出社しないこと自体による業務効率の低下

　雇用型テレワーカーの在宅勤務では、それまで「出社」して行なっていた
業務を「自宅」などに移すことで生じるデメリットがある。

　物理的な問題としては、住宅事情などの制約から、オフィスなどの仕事場
と同様には、業務に集中できる環境をつくれない点があげられる。テレワー
ク制度を許可する基準のなかに、就業環境に最低限度の広さを設定したり、
十分な通信環境等を設けること、それらを整えるためのしかるべき費用を補
助したりすることで問題を回避または軽減できる余地はあるが、その制度運
用にあたっては、社員間の公平性の面を含め、慎重な対応が必要となる（こ
の点は後述する）。

　また、心理的な面としては、出社することで緊張感をもって遂行できてい
た業務が、在宅勤務により生活場所での就業となることで、緊張感の欠落し
たものとなり、質や効率が低下するなどの問題が起こりうる。報告連絡相談
については、チャットやテレビ会議などのための適切なアプリを導入するな
どにより補えるとしても、集団のなかにいることを感じながらの業務と、自
宅における単独での業務では、業務に向き合ううえで心理的な抵抗があるこ
とも予想される。しかし、個別作業で集中して行なうほうがよい業務なども
あるので、どのような業務がテレワークに適するかの切り分けを適切に行な
うことで防げる面もある。そのような点についての配慮をおろそかにすると、

業務効率が低下するデメリットを防げない。

　加えて、業務遂行が孤立して行なわれることによる、ストレスマネジメント等の健康管理がおろそかになりがちになるという安全配慮義務上の問題も考えられる。これについては、どのようなデメリットが生じているのか単純に数値化できないため見落とされがちだが、深刻な問題となるリスクもあるので、これを防止するためにストレスチェックの活用や定期的な行事を設けたり、会議を招集するなど、業務の進め方以外の配慮も必要となる。

　ある企業の例では、営業担当者は完全な在宅勤務とされているが、定期的に各地から全員が集合し、日本国内または海外で全体会議を開催したりしている。これは、チームワークの向上などを含め、生産性を上げるための不可欠な取り組みと考えられる。このように、モチベーションを持続させるためには、就労者側の工夫だけでなく、企業側にもチームワークの維持を含めた積極的な対策が必要となる。

　これに対して、自営型テレワーカーの場合は、もともと出社するという概念にはなじまず、これをテレワークによる問題と考える余地はほとんどないと考えられる。

❸セキュリティ上の懸念

　自営型テレワーカーを使用する場合は、もともと社外の就労者との契約であるため、業務を委託する段階での情報セキュリティ対策が必要であることは、当然に意識される、業務委託一般の問題である。これに対し、雇用型テレワーカーについては、もともと社内での業務遂行であったことから、セキュリティ上のリスクは高くないと考えられていたところ、社外で業務を遂行するために文書やデータを社内から持ち出す必要が生じる場合など、テレワークの導入がセキュリティ上のリスクを増大させることが懸念される。

　これは主として事業者にとってのデメリットであるが、事故が発生した場合の責任問題まで考えれば就労者にとってのデメリットであるともいえる。

　今日、デジタル化にともなうセキュリティ上のリスクは、もともと高まりつつあるところであり、しかるべき対策が必要とされるところであるが、テ

レワーク導入によりリスクが一層高まることとなる（総務省「テレワークセキュリティガイドライン 第4版」2018年4月13日公表参照）。

❹コストの増大

前述したとおり、通勤費やオフィスのコストを削減できることがテレワーク導入のメリットのひとつに掲げられているが、上述したセキュリティ対策の面から、テレワーク実施に不可欠な情報通信機器の拡充およびシステムの構築などに膨大なコストがかかるおそれがある点が、テレワーク導入によるデメリットといえる。

❺組織としての一体感低下のおそれ

雇用型テレワークは、Ⅰ章の第2で述べたとおり、従来からオフィスで営まれている業務をオフィス以外の場所で遂行することを前提とするものである。そのため、どのような形態のテレワークを導入するにせよ、一般的にオフィスではなされていた、他の社員とのface to faceのコンタクトは減少せざるをえない。仕事をするのは機械ではなく感情のある人間であるため、この点に十分な対策を施しておかなければ、テレワークが拡大していくにつれ、コミュニケーションが不十分となり、ひいては組織としての一体感や個々の社員のモチベーションが害されるおそれがある。また、このような問題を原因とする生産性の低下は、数値化が困難なだけに、見落とされてしまいがちで、気がつかないうちに弊害が増幅しかねない。

これは主として事業者側のリスクと考えられるが、組織としての業務効率の低下は、組織に所属する者にとっての不利益につながる面もあり、（特に雇用型の）テレワーカーにもデメリットとなりうる。

これに対して、自営型テレワーカーは、もともと独立して業務を遂行することが前提とされているものが多いため、テレワークの導入によりこのような点が問題とされることは少ないと考えられる。

❻不公平感助長のおそれ

テレワークを導入することには、被雇用者にとって、ワークライフバランスの向上や育児・介護との調整などのメリットがあることは前述のとおりだ

が、雇用契約により遂行される業務は多種多様であり、すべての業務がテレワークに適しているわけではない。たとえば育児・介護などの必要性のためにテレワークを選択したくても、その者が担当する業務の性格上、テレワークでの就労者は困難な場合もあり、このような場合に、従事している仕事による不公平感が生じうる。

このような不公平感を、テレワークに対する理解不足からくるわがままと処理することは簡単だが、円滑かつ効率的に業務を遂行するためには、組織内の公平感を保つことが、特に、同質性の高い正規労働者間では、モチベーション維持の観点からも重要である。このような点を見過ごしてしまうと、テレワーク導入が思わぬ支障、弊害となりかねない。

なお、自営型テレワークは、もともと個々が独立して業務遂行を行なうことが通常であるため、この種のことは問題となりにくい。

❼同一労働同一賃金の問題

雇用型テレワークに関する、契約社員、パートタイマー、派遣労働者などの非正規労働者と正社員との労働条件の違いについては、これまで不公平感は生じにくかった。しかし、法改正により、それらと正社員との間の均等・均衡待遇が要求されることとなったため、正社員のみにテレワークを認めることなどのテレワークに関する取り扱いの違いが、コンプライアンス上の問題となることが懸念される。

今後は、均等・均衡待遇に関する法的問題の拡大により、このような問題が、単なる不公平感による不満を超えて法的紛争となることも懸念され、これらの労働者間の公平な取り扱いについても慎重な配慮が求められる点に留意する必要がある。

3. デメリットを抑え、メリットを最大化する方策の検討

テレワークのメリットおよびデメリットを分析してみると、それぞれの間にトレードオフの関係はほとんどみられないことに気がつく。したがって事業者は、導入方法を工夫することにより、デメリットを抑えながらメリット

を享受することができると考えられる。すなわち、どのような速度で、どのような内容のテレワークを、どのような方法で導入するか、工夫をこらすことが必要であり、デメリットが生じるおそれがあるからと、導入の検討や試行すらしないという選択肢は考えがたい。

またテレワークを可能とする重要な要素である情報通信技術についてみても、その加速度的な発展により、導入コストや導入の技術的課題などの問題は減少していき、テレワークの導入メリットが拡大していくことは明らかである。したがって、事業の発展を考えるなら、テレワーク導入を躊躇することに合理性はない。いまや、テレワークを導入するかではなく、どのような形のテレワークをどのように導入するのかを考えるべき時期にきているのである。

そして、先にみたとおり、いろいろな類型のテレワークがあり、導入の程度もバラエティに富んでいるので、自社にもっとも適した形での導入方法は、必ずある。そして、導入効果は、どのような形で導入するかに大きく左右されるので、どのようなテレワークをどのように導入するのかで、企業の競争力に大きな違いが生じかねない。このような状況下で後れをとることは、競争上不利益を被るおそれがある。

ちなみに、これらのメリット・デメリットの分析のなかで、これまであまり論じられていない、働き方についての、使用者および就労者双方のマインドセットの問題は、テレワーク導入の支障にも、生産性向上の契機にもなりうる。この点は認識しておくべきであり、以下でこの点を取り上げたい。

4．働き方に対するマインドセット変革の必要性

⑴　テレワーク導入に向けた意識改革

総務省の「テレワークの最新動向と今後の政策展開」（2018年）には、企業がテレワークを導入しない理由として以下の項目が掲げられている。

〔技術・文化面での課題〕

・社内コミュニケーションに不安があること

・顧客等外部対応に支障が出るのではないかとの不安があること

・情報セキュリティに不安があること

〔労務・人事面での課題〕

　　・テレワークに適した仕事がないこと

　　・適切な労務管理が困難であると考えられること

　　・人事評価がむずかしいこと

　　・そのために対象者を限定してしまうこと

　しかし取り上げられているこれらの理由をよくみると、いずれもテレワーク導入のデメリットそのものに対する懸念であり、克服するべき課題そのものともいえる。つまり、テレワーク導入のための意識改革の問題とはいえないものである。

　テレワーク導入の支障となる意識改革の問題として考えなければならないのは、現実に存在する課題への懸念ではなく、事業者・就労者の双方の無意識の固定観念（先入観）である。これは働き方に関するマインドセットともいうべきもので、「出社をすること」がすなわち「仕事をすること」であるといった、漠然とした思い込みと言い換えることができる。

　この点が問題となるのは、主として雇用型の就労者（労働者）についてである。なぜなら自営型の就労者は、組織の外にあるのが原則であり、もともと労務管理に服することなく、独立して業務を遂行するものであるため、このようなマインドセットになりにくいからである。そこで以下、雇用型就労者（労働者）について、この問題を考える。

　労働時間とは、「指揮命令下」にある時間といわれるが、労働者が物理的に事業場に所在しても、必ずしも指揮命令下にあるわけではなく、また仕事をしているというものでもない。しかしながら、労働者のなかには工場やオフィスなどの事業場に「所在する、出社する＝仕事をする」との暗黙の意識があることが多い。

　このような意識は、使用者や労働者の間に存在するだけではなく、労働基準監督署や裁判所においても存在しており、それは、残業時間の算定において、タイムカード記録により社内にいる以上、格別の事情がなければ仕事を

しているとの推定が働くのであり、していないとすればその立証が必要であるといった推定のし方にも表われている[*2]。

このような推定が働くのは、テレワークという働き方がまだ例外的ななかで、工場やオフィスなどの事業場に「所在する、出社する≒仕事をする」という実態が現実に存在するからである。したがって、それ自体は間違いとはいえないが、テレワークを導入していくためには、このような前提を普遍的とし「在社」を価値あるものとするマインドセットを変えていく必要がある。

もちろん、職場の「一体感」のために職場に「残る」ことは、まったく不合理とは言い切れないかもしれないが、「在社」を価値あるものとみるこのようなマインドセットは、見えないうちに不効率を生み、労働生産性を下げるだけでなく、育児・介護などのワークライフバランス向上の妨げともなりうる。そして、テレワーク導入に対する見えない障壁ともなっている。

⑵ 「働くこと」に対するマインドセットを変える

近年、情報通信技術の急速な発達により、事業所外での勤務も現実的な「指揮命令下」におくことができるようになっている。またネットワーク分野の新しい通信技術である５Ｇの時代が到来すれば、圧倒的な情報量の通信が瞬時かつ安価に可能となり、場所による業務遂行上の障壁は、ますます低くなる。

ここに、情報通信端末機器の発達やセキュリティ技術の発達が加われば、現状では不可避的に「出社」が必要な業務、たとえば工場での作業、データ持ち出しが禁止されている事務処理作業等といった、現場でなければできない業務すら、出社が必ずしも必要ではない状況が起こりうる。

もちろん、物理的にその場にいなければできない業務として、店舗の店員、物流業務等の自動車運転手、選別作業の手作業等々がありうるが、これらの業務は、自動化・省人化により人手を必要とする部分が大きく減少していく

---

*2　たとえば、東京地裁平成26年4月23日判決では、残業代の認定に関し、「労働者が使用者の事業場にいた時間は、特段の事由のない限り、業務に従事していたものと推認するのが合理的である。」と判示している。

ことが見込まれる（ただし、自動化が困難であろう介護業務などは、現時点だけでなく近い将来においても、その場所に存在することそのものが業務遂行であると言い換えられるような業務形態であり、例外的なものといえるだろう）。

このように、大部分の業務について、近い将来、工場やオフィスなどの事業場に「所在する、出社する≒仕事をする」ような状況自体が大きく変化することが予測され、そのような時代になると、働くことに対するこれまでの社会全体のマインドセットも、遅かれ早かれ変化していくことが見込まれる。テレワークを推進し、生産性を向上させていくためには、このようなマインドセットを率先して変えていくことが必要である。

（3）　組織内の仕事に対するマインドセット変更

しかしマインドセットを変えることは容易ではなく、変えられたか否かを明確に確認できるものでもない。

マインドセット変更の手段のひとつに教育・研修があるが、それと同時に現実の仕事のやり方を変更してゆくことも有益である。逆説的になるが、仕事の進め方を変え、マインドセットを変えるひとつの手段として、テレワークの導入がありうる。

これまでオフィスに出社して行なわれていた業務をテレワークとするのは、それを自宅やサテライトオフィスなど、オフィスから場所的に隔離されたところで行なえばよいという単純なものではない。テレワークを効率的に行なうためには、資料の電子化の推進、会議の持ち方の見直し、報告連絡相談の方法の見直し、人事評価の手法の見直し等々、仕事の進め方そのものの見直しが不可避となる。

テレワークの導入とともに、そのような業務遂行方法の見直しをあわせて推進し、「働く」ということのマインドセットを変えていくことが、テレワークを成功裏に導入するための不可欠の前提である。そのプロセスについてはあらためて整理し、後述する。

II章　雇用型テレワークへの労働法規の適用

　ここまで、テレワークの定義、内容およびその導入に関する基本的事項を整理してきたが、以下ではテレワークをとりまく法規制の確認を行ないたい。ここでまず注意するべきことは、テレワークに関する法規制が、雇用型テレワークと自営型テレワークとでまったく異なるという点である。問題状況を簡単に整理すると次のとおりである。

　雇用型テレワークは、あくまで労働・雇用契約にもとづく就労の一形態であり、労働・雇用契約に関する法規制は、テレワークという働き方の特性により若干の変更はともなうものの、テレワークに独自の法律的な例外規定などはないため、テレワークについても原則としてそのまま適用される。

　これに対して自営型テレワークは、請負・準委任（業務委託）契約にもとづくものと性格づけられ、労働時間や賃金、そして解雇制限等に関する法規制の対象外となる。そのため、就労者と注文主との間で契約の交渉力に大きな差があることが多いにもかかわらず、契約自由の原則をそのまま適用することにより、その法律関係は、原則として当事者の自由な合意により定まることとなる。その結果、自営型テレワークは、働き方のひとつの形態として重要性を急速に高めつつあるものの、雇用型テレワークとは異なり、就労者・生活者の保護の見地からは、法整備が十分に追いついているとはいえない。

　しかも、その実態をみると、テレワークが雇用型か自営型かの区別は必ずしも明確とはいえないので、自営型テレワークについても雇用型と同様の規制が必要であると考えられる場合は多い。ただし、それらについては立法・行政および司法の対応を待つ必要がある。その手法は大別すると次の2つが考えられる。

手法①：契約内容の実態に応じて、労働者性を広く解釈して労働関係法規の適用範囲を拡大する

手法②：自営型とされる契約類型に対して、就労者の保護のための独自の法規制および行政規制を強化する

そして現実的には、この両手法が並行してとられていくと考えられる。

これとの関係で、事業者が従来オフィスで行なわせていた業務にテレワークを導入する場合を考えると、大別して2つの導入方法がある。

導入方法①：それまでオフィス勤務をしていた従業員を、情報通信技術を利用して、テレワーク勤務させる形で雇用型テレワーク勤務を導入する

導入方法②：それまでのオフィスワークをアウトソーシングすることにより、自営型テレワーカーを利用する

このような状況を踏まえて、テレワーク導入にあたってのトラブル回避の法的留意点と労務管理のポイントを考えると、次のようになる。

ポイント①：法的規制の異なる雇用型テレワーカーと自営型テレワーカーとの区別を明確につける

ポイント②：雇用型、自営型のそれぞれのテレワーカーについての法的な規制を正しく理解し、かつ、その特性に応じた適正な管理を行なう

そこで以下では、まずは雇用型テレワークと自営型テレワークの境界を明確にし、そのうえで、それぞれに対する法規制について検討したい。

第1　雇用型テレワークと自営型テレワークの境界

1．テレワーカーの契約形態（就業実態）による法規制の違い

(1)　雇用型テレワーク

雇用型テレワークは、通常勤務とは異なる事業場外の就労であり、それによりテレワーク特有の問題は生じるにしても、あくまで労働契約下での就労形態のひとつである。したがって、労働基準法、労働安全衛生法などの、時間・賃金に関する規制を中心とする各種労働条件についての規制である労働

基準関係法令が、通常の雇用契約関係にある場合と同様に適用される。さらに、労働契約法やパート・有期雇用労働法などの労働関係法令により解雇制限、労働条件の不利益変更の禁止等に加え、同一労働同一賃金の原則等も、通常の勤務形態の場合と同様に適用される。また、労働組合法の保護も当然に及ぶ。このように、雇用型テレワークについては、労働者保護の見地から、労働条件内容の最低限度の保障、厳しい解雇制限や不利益変更の禁止などの手厚い保護が、労働関係法令にもとづいて、行政的・司法的に与えられている。

なお、雇用型テレワークに対する労働・雇用法の適用に関し、テレワークであることにより考慮しなければならない特殊な問題点については、本章第2「雇用型テレワークに対する労働法規の適用」以下で具体的に検討する。

(2) 自営型テレワーク

自営型テレワークは、雇用型テレワークと類似の働き方をする事例がありえるにもかかわらず、原則として、上記労働関係法令は一切適用されない。その結果、対等な当事者間の契約関係を規律する契約自由の原則が、基本的には、そのまま当てはまる。

ただし、政策的な配慮から、「下請代金支払遅延等防止法」(下請法) が代金の支払い遅延や不当な減額などを規制し、また一定の範囲の請負業務や委託業務については、「家内労働法」が代金の支払いや就業条件に一定の制限を加えている。契約内容の適正化のために「消費者契約法」の適用も考えうる。

このような法規制のもとで、専門性の高い自営型テレワーカーについては、自力で適正な待遇を確保できると考えられるが、単純労働に類するような競争力の乏しい自営型テレワーカーは、注文主の横暴により、適正な待遇を得ることができない場合が考えられる。したがって、就労者・生活者の立場からみれば、上記の労働関係法令と比較して、保護の面で、はなはだ不十分といわなければならない。

他方で、このような問題は、テレワークの普及により新たに生じたものではなく、偽装請負等の問題として、古くから議論されてきたところであり、労働・雇用関係法令をどこまで拡張適用できるかの検討については、種々の

判例が積み重ねられてきている。

　これに関しては、のちに詳しく検討するが、自営型とされる場合についても、労働組合法上は「労働者」であるとして、自営型テレワーカーに労働組合法上の保護が与えられる場合がある。これについては、使用者側にとって、不測の事態となりかねないので注意が必要である。また、そもそも、自営型と雇用型の境界は、一義的に明らかとはいえないので、同一の就労関係を雇用型と認定して労働・雇用法上の保護を与えるとの手法も考えられる。このような手法は、上述の手法①であり、個別案件の解決を通じて拡大してゆくことが予想される。

　また、このような問題に対して総務省は、2018年2月に「自営型テレワークの適正な実施のためのガイドライン」（自営型テレワークガイドライン）を改正し、自営型テレワーカーの募集、契約内容等について留意事項を定めるなどして、自営型テレワーカーの適正な待遇の確保をはかろうとしている。さらに、公正取引委員会は、労働・雇用法の保護が及ばないテレワーカーに対し、独占禁止法上の保護を拡大する方向にある。[3]これらは、自営型テレワークについて、就労者保護のための独自の立法・行政的救済を考えるという前述の手法②であり、そのような方向も、今後、自営型テレワーカーの増加にともない拡大していくと考えられる。

(3) 自営型テレワークガイドライン(案)に対する日本労働弁護団意見

　自営型テレワークガイドラインの改正では、自営型テレワークの適用につき、その対象者を在宅形態に限らず、自ら選択した場所で勤務する者にまで拡大するとともに、対象となる就労内容も、役務の提供だけでなく、成果物の作成・役務の提供へと拡大した。さらに、自営型テレワークの契約にあたっては、直接的な契約だけでなく、仲介事業者を介する場合にも適用対象を拡大するなどしている。

　しかし自営型テレワークガイドラインは、あくまで契約の自由を基本とす

＊3　公正取引委員会競争政策研究センター「人材と競争政策に関する検討会報告書」（平成30年2月15日）参照

るものであり、違反に対する罰則などもないことから、労働関係法規の適用
がある雇用型テレワーカーと比較して、テレワーカーに対する保護が薄いと
いわざるをえない。そのため、ガイドライン改正案の段階で日本労働弁護団
は次のような意見を述べていた（2018年1月16日）。

　「自営型テレワーカーが労働基準法・最低賃金法・均等法・労働安全衛生
法・雇用保険法・労災保険法・労働組合法その他の労働関係諸法規の適用を
受ける「労働者」ではないことを当然の前提とし、しかも、「労働者」ではな
い働き方を当事者が自由に選べるかのごとく描き出していることは極めて問題
である。すなわち、改正ガイドラインの最大の問題は、自営型テレワークにつ
いて、上述のとおり定義した上で、自営型テレワーカーを当然に労働者ではな
いことを前提にしている点である（その点は、旧ガイドラインも同様である）。」

　この日本労働弁護団の意見は自営型テレワークガイドラインの問題点を正
しく指摘している。また、そうであるからこそ、労働・雇用法の保護が及ば
ない分野について、手法②により、どのような法律、行政の規制が可能かが
検討されなければならないのであるが、現時点ではまだまだその保護は十分
とはいえない。したがって、自営型テレワークと雇用型テレワークとの間に
は、テレワーカーの権利の保護の程度に大きな違いがあり、このような違い
が現に存在する以上、雇用型テレワークと自営型テレワークとの区別につい
て、当事者である雇用主・注文主と就労者の双方に誤解のないようにしてお
く必要がある。これは、手法①により自営型テレワークにも、司法的に労
働・雇用法上の保護を及ぼそうとする考え方があることから、その境界はま
すます不明確になっていくことが考えられる。

　ここで、以下にみるとおり雇用型と自営型の境界が曖昧な場合があるにも
かかわらず、それらについての保護の水準が大きく異なることは、事業主に
とっても大きなリスクとなりうることに注意する必要がある。この点は、自
営型であっても労働組合法上の保護がありうるとのリスクもあるが、それよ
りも、自営型と考えて取り扱っていたテレワーカーが雇用型と判断された場
合には、その就労の条件等について、労働法規が適用されることとなるため

に、最悪の場合には、事業主が、刑事罰をともなう法違反に問われるリスクすら想定されることとなる。

したがって、テレワークの導入を考えるうえでは、労働組合法の守備範囲、雇用型テレワークと自営型テレワークとの境界、およびそれぞれの保護内容の違いを十分に理解する必要がある。そのうえで、導入方法①（自社の社員を雇用型のテレワーカーとする方法）や導入方法②（自社の仕事を自営型テレワーカーにアウトソーシングする方法）[4]を使い分ける必要がある。

そこで以下、検討の前提として、雇用型テレワークと自営型テレワークの区別を整理したい。

2. 雇用型テレワークと自営型テレワークの違い

雇用型テレワークと自営型テレワークとの違いを一言で表わすなら、「その契約形態が労働・雇用契約によるものか、準委任（業務委託契約）や請負契約などの労働契約以外によるものか」である。ただし、その区別はそれほど単純明快なものではない。

その契約が労働・雇用契約であるのか、請負・準委任（業務委託）契約であるのかという問題は、たとえば契約書の名称が「雇用契約書」とされていれば雇用契約、「業務委託契約書」となっていれば準委任契約、などと契約書のタイトルで決められるものではなく、当該就労形態についての当事者間の合意がどのようなものかによって決まるのである。また、そのような合意が書面により明確にされていない場合や、契約書面記載内容と実態とが異なる場合には、現実の就労状況により決められることになる。

そのため、個別の契約が労働・雇用契約であるのか、労働・雇用契約以外の請負・準委任（業務委託）契約などであるかは、その就業実態まで含めて

---

*4　一例ではあるが、日本経済新聞2019年9月22日朝刊では、健康機器大手のタニタで、社員との雇用契約を切り替え、業務委託で仕事を依頼する制度を導入し、約232人の本社従業員のうち、約20人は個人事業主となっていると報じられている。また同じ記事で、不動産情報サイト大手のLIFULLが7月初旬に始めたシェアオフィスを運営する新規事業の業務委託契約で資料作成や映像制作などを担う販売促進活動チーム約15人のほとんどをフリーランスで構成したことなども報じられている。

考えなければ、結論を出すことはできないことが多い。そしてこの問題は、テレワークに限らず、役務（労務）提供契約には等しく生じうるものであるため、裁判例など、過去からの判断の積み重ねがなされている。

そこでの議論は、個別の就労契約関係が労働・雇用契約であるのか、請負・準委任（業務委託）契約であるのかといった一律の議論ではなく、当該契約関係に適用される労働関係法令の種類ごとに、当該契約関係を労働・雇用契約として、当該関係法令の適用対象とできるか否か等に関して個別に検討されることになる。その適用法令のグループは大きく２つに分けられる。

　労働者性の議論①：労働時間や賃金に関する労働基準法関係の法令の適用
　　問題、解雇制限などに関する労働契約法の適用問題

　労働者性の議論②：労働組合法などの集団的労使関係に関する法令の適用
　　問題

そこでまず、労働時間や賃金に関する労働基準法関係の適用問題から検討するが、以下にみるとおり、限界事例については、諸般の事情を総合して慎重に判断をすることが求められる。したがって、その基本的な理解のために、裁判例などを踏まえて、考慮するべき要素を検討しておきたい。

(1)　労働基準法および労働契約法上の労働者性

労働者概念について労働基準法は、「職業の種類を問わず、事業又は事務所（以下「事業」という。）に使用される者で、賃金を支払われる者」と定義している。そして、労働安全衛生法[*5]、最低賃金法[*6]では、その適用対象となる労働者は、労働基準法上の労働者と同じであると規定されているので、これらの法律における労働者性は、共通のものと考えられる。また労働契約

---

*5　労働安全衛生法２条１項２号は次のように規定している。
　　「第二条　この法律において、次の各号に掲げる用語の意義は、それぞれ当該各号に定めるところによる。
　　　二　労働者　労働基準法第九条に規定する労働者（同居の親族のみを使用する事業又は事務所に使用される者及び家事使用人を除く。）をいう。」
*6　最低賃金法２条１項１号は次のように規定している。
　　「第二条　この法律において、次の各号に掲げる用語の意義は、当該各号に定めるところによる。
　　　一　労働者　労働基準法（昭和二十二年法律第四十九号）第九条に規定する労働者（同居の親族のみを使用する事業又は事務所に使用される者及び家事使用人を除く。）をいう。」

法では、その2条1項で「この法律において「労働者」とは、使用者に使用されて労働し、賃金を支払われる者をいう。」と定めており、基本的に労働基準法と同じ「労働者」の定義を採用していると考えられる[*7]。

そこで以下では、労働基準法上の労働者性を中心に検討を行なう。

この労働基準法上の労働者性を判断する一般的な基準を論じたものに、労働大臣の私的諮問機関である労働基準法研究会が昭和60年12月19日付で報告した「労働基準法の「労働者」の判断基準について」と題する文書がある。また司法判断としては、労働基準法上の労働者と同義である労災保険法上の労働者の該当性が争点となった事件の上告審である、平成19年6月28日最高裁判決がある。

そこでまずこれらの内容を整理し、そのうえでテレワークにおける労働基準法の適用関係を確認したい。

❶労働基準法上の「労働者」の判断基準（労働基準法研究会報告）

労働基準法研究会報告では、労働基準法の適用対象である労働者について、「使用される＝指揮監督下の労働」という労務提供の形態、および報酬の「賃金支払い」という労務に対する対償性（すなわち、報酬が、提供された労務に対するものかどうか）によって判断されるとして、この2つの基準を総称して、「使用従属性」と呼ぶこととしている。しかし現実には、指揮監督の態様および程度の多様性、報酬の性格の不明確さなどから、「指揮監督下の

---

*7　ただし、厳密にいえば、労働基準法と労働契約法等で使用者概念は異なっている。労働基準法は、10条で「この法律で使用者とは、事業主又は事業の経営担当者その他その事業の労働者に関する事項について、事業主のために行為をするすべての者をいう。」と定めており、使用者に、「事業主」として労働契約の当事者である法人や個人事業主だけでなく、「経営担当者」として、それらの役員や支配人など、さらには「事業主のために行為する者」として、労働基準法が規定する事項について現実に使用者としての権限を行使する者（たとえば工場長や部課長など）などを含んでいる。そして最低賃金法は、この規定を最低賃金法の使用者概念に流用している（同法2条1項2号）。

　これに対し労働契約法は、2条2項で「この法律において「使用者」とは、その使用する労働者に対して賃金を支払う者をいう。」と定めており、契約当事者である事業主以外の者は含まれていない。この点は、労働安全衛生法でも同じであり、労働安全衛生法2条3号では事業者について、「事業を行う者で、労働者を使用するものをいう。」と規定し、労働契約法と同じ狭い概念を使用している。

労働」なのか、「賃金支払い」があるか、について明確性を欠き、労働者性を判断することが困難な場合があるため、「専属度」「収入額」などの諸要素をも総合的に考慮し、労働者性の有無を判断せざるをえないとする。

そして、学説や裁判例を検討し、次のように整理している。

①使用従属性に関する判断基準

使用従属性の有無を判断する要素としては、

・指揮監督下の労働といえるか

・報酬が労務対償性を有するといえるか

を考え、以下の点を具体的に検討すべきとしている。

〔「指揮監督下の労働」の判断基準〕

労働が他人の指揮監督下で行なわれている、すなわち他人に従属して労務を提供しているかどうかに関する判断基準としては、たとえば、

・仕事の依頼、業務従事の指示等に対する諾否の自由がある場合

には、指揮監督下にあるとはいいがたいとする要素となる。逆に、

・業務の内容および遂行方法に対する指揮命令がなされていると認められる場合

には、それが指揮監督下にあると判断される要素となる。さらには、

・使用者の命令、依頼などにより通常予定されている業務以外の業務に従事することがある場合

には、使用者の一般的な指揮監督を受けているとの判断を補強する重要な要素となる。また、

・勤務場所および勤務時間が指定され、管理されている場合

には、指揮監督下にあると判断される要素となり、

・本人に代わって他の者が労務を提供することが認められている

のであれば、指揮監督下にあるとはいいがたいとされる。

これら種々の要素を考慮して、指揮監督下にあるか否かが判断される。

〔「報酬の労務対償性」の判断基準〕

使用者の指揮監督下での労働に対する報酬は賃金というべきであり、主要

な判断基準は指揮監督下にあるか否かではあるが、この賃金の側面からも、

・報酬が時間を基礎として計算されるなど労働の成果による賃金額の差が少ない場合

あるいは

・欠勤した際は応分の報酬が控除され、残業をした際は通常の報酬とは別の手当が支給されるなどの場合

は、報酬の性格が、「使用者の指揮監督のもとに一定時間労務を提供していることに対する対価」と判断されやすくなる。

　したがってこのような状況があれば、「使用従属性」を補強する事情となる。

　②労働者性の判断を補強する要素

　以上の諸要素を考慮して、労働者性が決定されるものであり、必ずしも一義的な明確さはない。そのため労働基準法研究会報告は、さらに以下のような労働者性判断の補強要素も考慮したうえで、労働者性を判断すべきであるとしている。

〔事業者性の有無〕

　当該就労者に、以下のような点から事業者性が「ある」とされれば、労働者性を否定する要素となる。まず、

・機械、器具の負担関係について、相当程度の高価な物を、役務提供者が役務の提供において自己負担で準備をする場合

は、事業者性があるものと考えやすく、労働者性を否定する要素となりうる。また、

・報酬の額が、同じ企業内で同様の業務に従事している正規従業員に比して著しく高額な場合

には、（機械、器具の負担関係などとも関連するものとされるが）当該報酬は労務提供に対する賃金ではなく、自らの計算と危険負担にもとづき事業経営にあたる「事業者」への報酬支払いと認められやすく、労働者性を弱める要素となると考えられる。その他、

・業務遂行上の損害に対する責任を負う場合

・独自の商号使用が認められているなどの場合

も、事業者としての性格を補強する要素になりうる。

〔専属性の程度など〕

　他社の業務に従事することが制度上制約され、また時間的余裕がなく事実上困難な場合も、労働者性を補強する材料とされている。

　また、報酬に固定給部分がある、あるいは業務の配分等により事実上固定給となっている、さらには、その額も生計を維持しうる程度のものであるなど、報酬に生活保障的な要素が強いと認められる場合も、労働者性を補強する材料となる。

〔その他〕

　労働基準法研究会報告では、「使用者」が、当該就労者を自らの労働者と認識していると推認される事情が、労働者性を肯定する判断の補強事由となりうるものとされ、その例として以下のような事情が示されている。

・採用、委託等の際の選考過程が正規従業員の採用の場合とほとんど同様であること

・報酬について給与所得としての源泉徴収を行なっていること

・労働保険の適用対象としていること

・服務規律を適用していること

・退職金制度、福利厚生を適用していること

❷裁判例

　上記は労働基準法上の労働者性に関する公的な研究会での一般的な基準だが、そこでは、古くから種々ある裁判例を踏まえた検討がされている。そこでそのような一般的基準の基礎となるものとして、現実の事案においてどのような例が争われたかを、いくつかの最高裁判所の事例でみてみたい。

　①横浜南労基署長（旭紙業）事件

　この事件は、自己所有のトラックを使用して、会社の指示に従って製品等の輸送に従事していた運転手が災害を被ったことに対して、当該運転手が、

自分は自営業者ではなく、労災保険法上の労働者であるとして労災保険給付を請求した事案である。

　この事案に対して最高裁判所は、当該運転手は業務用機材であるトラックを所有し、自己の危険と計算のもとに運送業務に従事していたものであるうえ、注文主は、運送という業務の性質上当然に必要とされる運送物品、運送先および納入時刻の指示をしていた以外には、当該運転手の業務の遂行に関し、特段の指揮監督を行なっていたとはいえず、時間的、場所的な拘束の程度も、一般の従業員と比較してはるかに緩やかであり、当該運転手が使用者の指揮監督のもとで労務を提供していたと評価するには足りないとして、当該運転手は労働基準法上の労働者とはいえないとした（最高裁平成8年11月28日判決。この事案で地裁は労働者性を肯定したが、高裁では労働者性はないとされていた）。

　②関西医科大学研修医（未払賃金）事件
　この事件は、医師国家試験に合格し、大学附属病院において臨床研修を受けていた研修医が、最低賃金法所定の最低賃金額を下回る金員しか支払われていないとして、最低賃金額と受給金額の差額、およびこれに対する遅延損害金の支払いを求めた事案である。

　この事案で最高裁判所は、「研修医がこのようにして医療行為等に従事する場合には、これらの行為等は病院の開設者のための労務の遂行という側面を不可避的に有することとなるのであり、病院の開設者の指揮監督の下にこれを行ったと評価することができる限り、上記研修医は労働基準法9条所定の労働者に当たるものというべきである」として、本件では、当該研修医は、本件病院が「定めた時間及び場所において、指導医の指示に従って」「本件病院の患者に対して提供する医療行為等に従事していたというのであり」、これに加えて本件病院は、当該研修医に対して「奨学金等として金員を支払い、これらの金員につき給与等に当たるものとして源泉徴収まで行っていた」という事情があるので、当該研修医は労働基準法上の労働者であるとしている（最高裁平成17年6月3日判決。地裁および高裁も労働者性を肯定）。

③藤沢労基署長（大工負傷）事件

　この事件は、作業場をもたずに１人で工務店の大工仕事に従事する形態で稼働していた上告人について、労働者性が問題となった事案である。

　最高裁判所は、上告人の大工の業務内容についていくつかの要素を取り出して検討している。そして、当該大工には、

・当該工務店から寸法、仕様等にある程度細かな指示を受けていたものの、工法や作業手順を自分で選択できた

・作業の安全確保や近隣住民に対する騒音、振動等への配慮から所定の作業時間に従って作業することが求められていたものの、事前に現場監督に連絡すれば、工期に間に合う限り、連絡のうえ、仕事を休んだり、開始終了時刻を自由に選択できた

・この当時当該工務店以外からの業務をしてはいなかったが、他の工務店等の仕事をすることを禁じられていたものではなかった

・報酬の取り決めは完全な出来高払い式が中心とされ、当該工務店の従業員の給与よりも相当高額であった

・当該工事においてのみ使用する特殊な工具は別として、一般的に必要な道具一式を当該大工が自ら所有し持ち込んでいた

などの事情があるので、当該大工は労働基準法上（労働安全衛生法上）の労働者ではないとの結論が示された（最高裁平成19年６月28日判決。地裁および高裁も労働者性を否定）。

　労働者性に関する上記労働基準法研究会報告の基準は体系的に整理されているが、労働基準法上の労働者性に関する裁判所の判断をみると、具体的な事例においては、上記基準のなかで該当するものを個別に慎重に検討しながら、それらの判断の内容、基準としての検討要素の重要性などを分析し、結論を導いていることがわかる。

　以上で取り上げたものは比較的新しい最高裁判所の判例であるが、これらの背後には、きわめて多くの下級審の判例がある。現実に問題が生じた場合には、このような過去の適用事例における判例の考え方などを参考にしなが

ら、上記の研究会報告でまとめられた基準を個別の事案に当てはめて結論を導いていくことになる。それはテレワーカーの労働者性の有無について問題が発生した場合も同様である。

そして、これらの判断がいかにむずかしいものであるかは、それらの紛争が最高裁判所まで争われたということからも理解できる。

さらにテレワーカーの労働者性の有無については、その特殊性も踏まえた判断が必要となるので、これまでとは異なる考慮も必要である。

❸テレワークの特殊性

テレワークに限らず、労働者性が問題となる状況としては、使用者が、その契約関係は請負・準委任（業務委託）契約であると考えていたところ、解約などの際に労働者側から、この契約関係は雇用関係であり、解雇は制限されると主張される場合などが考えられる。具体的な例を考えると、たとえば、当事者の間では、自営型テレワーカーとして業務委託契約を締結していても、注文主との間に長期間専属的な関係があり、また業務内容への細かな指示がされており、さらに報酬の支払いにおいても、時間賃金として、相当期間、同額の支払いが継続されている場合などについては、実態は雇用契約関係にあるテレワーカーであるとして、労働関係法規の適用が認められるなどの事例が考えられる。

もちろん、これとは逆に、雇用型テレワーカーとされているものが、自営型テレワーカーであると争われる場合も考えうる。たとえば、フルタイムの完全なテレワークで、裁量労働制であり、さらに副業も認められ、かつ、きわめて専門性が高く、報酬も高額に及ぶようなものは、雇用契約として契約を締結していたとしても、その実態として請負・準委任（業務委託）契約の性格が強くなると考えられ、これに対して就業規則を適用して配置転換や業務変更を行なおうとしたところ、労働契約関係ではないので業務命令権はないと主張されるなどの事例が考えられる。

しかし、雇用型テレワーカーのほうが就労者に対する保護が厚いことから、テレワーカーの側から自営型であると主張することは一般には考えがたい。

したがって、事業者にとって懸念されるのは、「それまで自営型テレワーカーと考えていたものが、実態は雇用契約である」と争われる上記の場合であり、テレワーカーからの役務の提供を受ける側である事業者は、その点の疑義を減らすよう十分な注意が必要である。

そして、自営型テレワークが雇用型であると認定されるか否かにおけるもっとも大きな判断要素は、上にみたとおり「使用される＝指揮監督下の労働」かであるが、指揮監督下にあるか否かは、一般的に議論することは困難であり、個別具体的な事例をケースバイケースで検討する以外にない。

たとえば厚生労働省「在宅就業者総合支援事業」の自営型テレワークに関する総合支援サイト「HOME WORKERS WEB」では、自営型テレワークの例として以下を掲げている。

- 事務系の仕事：データ入力・集計、マニュアル作成、資料の電子化、アーカイブ
- 編集系の仕事：ライター、エディター、広告メール作成、テープ起こし
- ビジネス支援系の仕事：調査（市場調査、モニター調査等）、マーケティング支援（モニター等）、電話による関連業務（コールセンター等）、コーチング、カウンセリング
- Web関連系の仕事：ホームページ制作、Webデザイン、Web管理、ブログ運営、ネットショップ運営
- 開発系の仕事：プログラミング、システム設計、ネットワーク管理、データベース管理、CADオペレータ
- デザイン系の仕事：DTPデザイン、電算写植、イラスト制作、グラフィックデザイン、動画制作・編集
- 教育系の仕事：通信添削、eラーニング、メンター、チューター（eラーニング）
- 語学系の仕事：翻訳など

これらの業務では、いずれも、指揮命令から独立して業務を行なうことが可能であるが、たとえばプログラミングやシステム設計などで進捗状況等を

細かく報告連絡相談し、指示を仰いでいる場合などは、指揮監督下にある場合と区別がつきにくいという問題が生じうる。

この問題に関して、通常の勤務の場合は、指揮命令者は同じ職場にいることが一般的であり、職場にいれば、指揮監督下にあると認められやすいものの、テレワークは使用者の目が離れているため、一般的には指揮監督下にあるとはいいがたいと考えられている。しかし、情報通信技術の発達により、緊密に連絡をとることが容易となっている現状においては、従業員が同様の仕事をテレワークで行なう場合にあっても、その区別が不明確と主張されるおそれが増大していると考えられる。もちろん、業務運営のあり方を考える場合に、必要な指示を与えることを躊躇するのでは本末転倒だが、業務の効率的な運営を考えつつ、それと並行して、それが雇用・自営との区別を曖昧にすることはないかに配慮することは、テレワークの場合についても、通常勤務の場合と同様に必要である。特にこの問題は、上述したとおり、報酬の労務対償性、事業者性の有無、専属性の程度、およびその他の関連する事情なども考慮して決められるのであるから、指揮命令のあり方だけで結論を導くことはできないことに留意して検討をしなければならない。

そして、一義的に結論が出ない状況がありうる以上、使用者側担当者としては、常にこのような点が問題となりうるとの意識をもち、微妙な案件については専門家の意見を仰ぐなどして、慎重に対応することが肝要である。

この労働者性の問題は、労働時間、賃金および契約の終了などが争点となる「労働基準法および労働契約法上の労働者性の有無」だけでなく、不利益取り扱いの禁止および誠実な団体交渉の義務などが争点となる「労働組合法上の労働者性概念」についても考えなければならない。そして、労働組合法上の労働者は、労働基準法上の労働者よりも、より広く認められる場合が多いため、問題はさらに複雑となる。

そこで次に、労働組合法上の労働者性に検討を進めていきたい。

(2) 労働組合法上の労働者性

労働組合法上、労働者は「職業の種類を問わず、賃金、給料その他これに

準ずる収入によって生活する者」と定義される。上述した労働基準法等の定義との違いは、「使用される」との要件がないことであり、ここでは、使用従属関係を中心に規定されてはいないことが大きな特徴である。したがって、労働基準法上の労働者性よりも労働者性が広く認められる。しかし、かつては、裁判所において労働組合法上の労働者性判断は比較的狭く解釈されていた。それを変更したのが、平成23年4月12日の2つの最高裁判決である。

❶最高裁判所による労働者性判断の基準の拡張

そのひとつは、住宅設備機器の修理補修等を業とする会社と業務委託契約を締結して、その修理補修等の業務に従事する受託者についての判決（INAXメンテナンス事件）であり、他方は、年間を通して多数のオペラ公演を主催する財団法人との間で、期間を1年とする出演基本契約を締結したうえで、公演ごとに個別公演出演契約を締結して公演に出演していた合唱団員の判決（新国立劇場運営財団事件）である。

INAXメンテナンス事件の地裁判決は労働組合法上の労働者性を肯定していたが、その高裁判決、および新国立劇場運営財団事件の地裁・高裁判決は労働者性を否定していた。しかし、最高裁判所はこれらの下級審判断を覆し、いずれの事案でも労働組合法上の労働者性があるとの判断を示した。

そこでは、これらの就労者について、

・事業の遂行に不可欠な労働力として組織に組み入れられていたこと
・契約内容は依頼者側が一方的に決定していたこと
・役務提供の依頼は、事実上これを拒むことができなかったこと
・役務の提供について、指揮監督下で場所的・時間的に一定の制約があったといえること
・報酬は労務の対価の性格を有するとみるのが相当であること

などの事情を認定し、労働組合法上の労働者に当たると判断したのである。

ここで注目されるのは、これらの事案では、オペラ歌手およびカスタマーエンジニアといった、独立性の高い業務を行なう就労者の労働者性が問題とされた点である。これらについて労働基準法上の労働者性についての基準の

適用を考えた場合、労働者性を肯定することは困難であると考えられ、上記の各高裁判決では、労組法上でも労働者性が否定されるものとされていた。しかし最高裁判所は、指揮監督下にあるかの点については場所的・時間的に「一定の制約」であったことで足りるとし、むしろこれらの独立した就労者が、それぞれの事業の遂行に不可欠な労働力として組織に組み入れられていたことに着目して、労働者性を肯定している。

この翌年のビクターサービスエンジニアリング事件でも、音響製品等の設置、修理等を業とする会社と業務委託契約を締結して顧客宅などでの出張修理業務に従事する受託者について、「業務遂行形態において独立性の高い就労者であり、労働組合法上の労働者ではない」とする高裁判決を覆し、事業の遂行に不可欠な労働力として組織に組み入れられていたことに着目して、上記と同様の基準により労働者性を肯定している（最高裁平成24年2月21日判決）。したがって、労働組合法上の労働者性についての裁判所の見解は、ほぼ確定したといえる。

このように、比較的独立性の高い就労者であっても、それが不可欠な労働力として組織に組み入れられていた場合には、労働組合法上の労働者性が認められるとされた点は、自営型テレワーカーとの契約を行なううえで注意が必要である。そして、前述したHOME WORKERS WEBに、自営型テレワークの例として掲げられている各種業務では、独立して業務を行なっているようにみえながらも、それらが事業の遂行に不可欠な労働力として組織に組み入れられていると評価される可能性は相当程度にあるであろう。したがって、それらの自営型テレワーカーが組織化され、使用者と交渉を行なおうとするときに、これに対して、労働組合法上の保護が与えられることがありうるのである。ただし、このような最高裁判所の示した基準を適用して、どのような場合が労働組合法上の労働者とされるかを検討しても、必ずしも明確な回答が得られるわけではない場合は残る。

❷最高裁判断の適用

テレワーカーではないが、労働者性の判断を検討するにあたり、コンビニ

エンスストア店長の労働者性を争点とする判断がいくつか示されているので、検討したい。

　コンビニエンスストア店長については、平成26年3月20日の岡山県労働委員会（セブン-イレブン・ジャパン事件）、平成27年4月16日の東京都労働委員会（ファミリーマート事件）の双方で、いずれも労働組合法上の労働者であるとする判断が示されていたが、平成31年3月15日の中央労働委員会命令では、両者は「会社の事業の遂行に不可欠な労働力として会社の事業組織に組み入れられ、労働契約に類する契約によって労務を供給しているとは」いえず、「会社から労務供給の対価として報酬を受け取っているということはできない」とされ、他方で、加盟者の事業者性は顕著であるとされて、労働組合法上の労働者性は否定されると判断され、初審命令が取り消された。

　このように、コンビニエンスストア店長の労働組合法上の労働者性については、見解が分かれ、現在司法審査中であり、平成23年の最高裁判所判決のあとも、個別の事案に関し、さらに判断の積み重ねを待つ必要のある部分が残されている。コンビニエンスストア店長の業務をもって、雇用契約関係であるとして基準法の適用を考えることは困難である。したがって労働組合法の適用は、業務委託のような雇用契約以外の契約のもとで就労する者にも行なわれうる。これをテレワーカーについて考えると、自営型とされるテレワーカーに対しても、労働組合法の適用がありうることを意味している。

　こうした不安定性は、コンビニエンスストア店長のように事業者性が強い場合だけでなく、次に取り上げるバイシクルメッセンジャーのような新しい「就労」形態が増加していることとも無縁ではない。テレワークのような新しい働き方において、自営型テレワークとされる「就労者」が増加していることは、雇用型テレワークとの境界の問題だけでなく、自営型テレワークに対し、労働組合法上の保護を与えるべきか否かといった新しい問題も生むことになる。

　そこで、この問題の個別事例として、バイシクルメッセンジャーの事案を取り上げて検討しておきたい。

(3) 労働者概念と、テレワーカーが自営型か雇用型かの関係

バイシクルメッセンジャー業務とは、自転車を使用して貨物の輸送または信書の送達を行なう業務である。テレワークの本質が情報通信技術を利用した事業場外勤務であることを考えた場合に、バイシクルメッセンジャー業務は典型的なテレワークとはいえないものの、バイシクルメッセンジャー業務を組織的に運営するためには、メッセンジャーの現在位置を確認し、適切に配置する作業が必要であり、メッセンジャーの業務遂行にあたっては、適宜に指示を受け、必要な報告を行なう必要がある。したがって、情報通信技術の発達なしには、その効率的な運用は困難である。その意味では、テレワーカーの性格を有する業務であるということができ、少なくとも典型的なテレワーク業務の周辺にあるものと位置づけられる。

このような働き方が世界的に増加してきたのは1980年代以降といわれており、日本では平成の時代とともに増加したといえる。

❶メッセンジャーの労働基準法上の労働者性

ここで取り上げているバイシクルメッセンジャーは、形式的には会社と「運送請負契約」を結び、「個人事業主」として扱われているものであるが、労働者的な性格もあり、その労働者性の有無については、平成20年代から下級審段階の裁判例が積み重ねられてきている。

最初にメッセンジャーの労働者性を判断した平成22年4月28日の東京地裁判決では、メッセンジャー業務を行なう営業所の所長が、自らもメッセンジャー業務に携わっていたところ、その所長と会社との間で契約の打ち切りの有効性が争いとなり、その契約関係について労働基準法上の労働者性が検討された。そして前記労働基準法研究会の基準に示されている要素について分析検討をした結果、メッセンジャー業務の部分は独立の事業者とみるべきで、労働者性は認められないが、営業所長としての業務の部分は、指揮命令下にあるものとして労働者性を肯定できると結論づけられた。

そして、営業所長は、営業所長業務に関し労働基準法上の労働者であることから、労働契約法の適用を受け、解雇権濫用法理にもとづき、当該所長契

約の終了の有効性が判断され、業務委託契約の終了通知（解任通知）は無効であるとされた（この事件は控訴されたものの、以下に示す事情もあり、高裁での和解が成立したようで、高裁判断はなされていない）。

❷メッセンジャーの労働組合法上の労働者性

上記事案では、この契約の終了が不当労働行為に当たるとして、労働委員会においても争われていた。そして、メッセンジャー業務についての労働基準法上の労働者性が否定された上記の東京地裁判決に先立つ平成21年6月2日に、東京都労働委員会はメッセンジャーおよび営業所長の双方の立場について労働組合法上の労働者性を認め、契約の終了およびこれに関する団体交渉の拒絶は不当労働行為に当たるとの判断を行なっていた。

さらに上記東京地裁判決の約2ヵ月後の平成22年7月7日には、この東京都労働委員会命令を承認する中央労働委員会命令が出されたため、会社側がメッセンジャーおよび営業所長の労働組合法上の労働者性などを争って東京地裁に提訴した。しかし東京地裁は、平成23年に前述のINAXメンテナンス事件等に対する最高裁判所により拡張された基準を適用し、平成24年11月15日に、メッセンジャーおよび営業所長の双方の立場に関して労働組合法上の労働者性を肯定し、営業所長の解任および、これについての団体交渉の拒否は不当労働行為であるとした中央労働委員会の判断を争う会社の請求を棄却した。

❸各法律における労働者性概念の適用関係

このようにバイシクルメッセンジャーの事案では、地裁段階で、同じ事実関係について、一方で労働基準法上の労働者性が否定され、他方で労働組合法上の労働者性が肯定された。そしてこれに続く平成25年9月26日の東京地裁判決でも、メッセンジャーは労働組合法上の労働者であるとされながら、労働基準法上の労働者性はないとされ、その結果、労働契約法上の労働者にも該当しないとして、解雇権濫用禁止法理の適用も否定された。そして、高裁においてもこの判断が是認されている。

したがって、バイシクルメッセンジャーは、労働組合法上の労働者に該当

するとしても、労働基準法上の労働者とすることはできないとの判断が高裁のレベルでもほぼ確立されており、そのことは、これまでみてきた双方の基準の違いからも肯定できる。

　整理すると、労働基準法・労働契約法等の適用範囲は、労働組合法の適用範囲よりも狭いものであるため、テレワーカーのなかで、労働基準法・労働契約法の適用を受けないテレワーカーについても労働組合法の適用においては、労働者として取り扱われる余地がある。そして、労働組合法上の労働者とされることにより、その結成する労働組合との誠実な団体交渉が要求され、また、解雇等の不利益取り扱いについては不当労働行為とされる余地が生じる。

　このように、労働組合法の適用の可否は、当該テレワークが雇用型か自営型かを解決した後に、なお残る、そして非常にデリケートな問題であり、個別の事案に関しては、専門家の意見を仰ぐ必要性が高い問題である。

(4)　テレワークにおける就労条件・契約類型の変更

❶問題の所在

　雇用型テレワーカーと自営型テレワーカーとの境界（労働基準法、労働契約法の適用の有無）は、契約形式についての当事者の認識や契約書の内容だけから判断されるものではなく、その実態により決まるものであるため、業務遂行方法の事実上の変更などにより、それまで自営型テレワーカーであったものが、ある時点から雇用型テレワーカーと取り扱われることとなる場合も考えられる。

　また、このような勤務実態による契約形態の変化だけでなく、当事者の話し合いにより、自営型テレワーカーとの契約関係を、社内のマネジメントに参加させるために雇用型テレワーカーに変更する場合や、逆に雇用型テレワーカーを、定年・自己都合退職や独立などを契機として、自営型テレワーカーに変更する場合なども考えられる。

　このような契約内容の変更は、たとえば正社員として雇用されていたテレワーカーが定年退職後に嘱託としてテレワークを継続する場合や、契約社員として雇用されていたテレワーカーが正社員となる場合など、雇用型テレ

ワーカーの範囲のなかででも生じうる。

　さらには、契約形態（たとえば正社員であること）は変えずに、在宅勤務からサテライトオフィス勤務に勤務場所を変更する場合もあれば、在宅勤務のまま、通常時間勤務から裁量労働制に移行する場合、あるいはサテライトオフィス勤務のまま、当該サテライトオフィスの閉鎖にともない、他のサテライトオフィス勤務への異動、在宅勤務への変更など、雇用型テレワーカーについても種々の勤務条件の変更が考えられる。したがってこれらの変更が、どのような場合にどのような要件・手続きで可能なのかを、以下検討したい。

❷基本的考え方

　まず、契約内容の変更については、一般論としては次のように整理できる。

①自営型テレワーク

　自営型テレワークの契約条件は、契約一般の原則に従うため、その変更は、事前の包括的または個別の合意により、一定の契約条件変更の権限を当事者の一方に与えておくのでない限り、双方の合意なしにはできない。

　しかし、注文主がその優越的な地位にもとづき、一方的に自営型テレワーカーに不利な条件変更を要求し、自営型テレワーカーがこれに従わざるをえないことが起こりうる。このような事案において、自営型テレワーカーが変更に応じない場合、契約の終了が通告されるリスクがあり、これに対しては民法の一般原則による裁判上の紛争とすることはできるが、手間や費用を考えると現実的ではないため、やむなく要求を受け入れざるをえないこととなりやすい。このような問題については、下請代金支払等遅延防止法や独占禁止法による優越的地位の濫用防止を根拠とした行政的な規制も行なわれうるが、民事的問題に行政が介入することは容易でないため、経済的弱者の保護としてはきわめて弱いものといわざるをえない。したがって、競争力のない自営型テレワーカーの権利の保護は今後の立法・行政の課題である。

　なお、自営型テレワークから雇用型テレワークへの変更については、一般的にテレワーカーの側に有利なものではあるが、重要な契約内容の変更にな

るため、当然ながら当事者双方の合意なしにはできない。また、雇用契約に
切り替えるとすれば、労働条件通知書の交付が必要となる。したがって、こ
のような変更については、適切な書面を用意することが不可欠である。

②雇用型テレワーク

雇用型テレワークの場合は、制度的に、一定の範囲で労働条件の一方的変
更が可能である。ただし、その変更については、労働基準法、労働契約法等
により、制約を受けることになる。

まず、就業規則により、有効に定められた配置転換や出向などは、使用者
の業務命令により一方的に実施できる。したがって、通常勤務者にテレワー
ク業務を命じることも、就業規則に変更の根拠規定があれば、一方的に行な
うことが可能である。業務上の必要性にもとづき一定期間サテライトオフィス
での勤務を命じる場合、あるいは在宅勤務を命じる場合、さらには勤務を行
なうサテライトオフィスの変更を指示する場合などは、契約内容の本質的な
変更ではないため、これを一方的に変更できる旨の規定を就業規則において
いれば、業務命令として実施できる。もちろん、変更の合理性・必要性が乏
しく、労働者に大きな負担を強いる場合などは、そのような業務命令は権利
の濫用になりうるが、それは通常勤務の場合でも同様に生じうる問題である。

一方で、労働契約内容の変更は、労働契約法の適用を受けるので、原則と
して当事者の合意によらなければできない（労働契約法８条）。ただし、雇
用関係の画一的な処理の必要性から、不利益な変更以外であれば、就業規則
の変更・周知により、使用者側が一方的に変更でき（労働契約法10条）、ま
た不利益な変更であっても、就業規則により変更しないとの特段の合意がな
い限りは、労働者の受ける不利益の程度、労働条件の変更の必要性、変更後
の就業規則の内容の相当性、労働組合等との交渉の状況その他の就業規則の
変更に係る事情に照らして合理的なものは、就業規則の変更・周知により、
使用者側が一方的に変更することができる（労働契約法10条但し書き）。

なお、契約社員や派遣社員等が正社員へ転換する場合などのように、雇用
契約形態を変更する場合や、転籍等使用者を変更する場合などは、就業規則

の変更では行なうことができず、明示・黙示の合意がなければ効力は生じない。これらの取り扱いは、雇用型テレワークについても同様に適用される。

　以上とは異なり、定年退職後の再雇用については、特別の考慮を必要とする。これは、定年退職により雇用契約が終了したあとの新たな契約であるため、使用者側から一方的に契約締結を強制できないという意味では、その他の契約形態の変更と同じであるが、高年齢者雇用安定法により継続雇用が義務づけられているため、労働者側には原則として、新契約を締結することを要求する権利があり、またその契約内容にも、継続雇用の実質を失わせるようなものであってはならないとの法的な制限がある。たとえば、定年を迎える社員に対し、60歳から61歳までの職務として、それまで従事してきた事務職の業務ではなく清掃業務等を提示したことは、高年齢者雇用安定法の趣旨に反し違法であるとされた事例（名古屋高裁平成28年9月28日判決）がある。

　ただし、継続雇用のための契約は、期間の定めのあるものとすることができ、その場合の労働条件については、定年退職後に再雇用された者であるという事情を、労働契約法20条にいう「その他の事情」[*8]として考慮することができるとされ、一定の範囲で不利益な待遇とすることが許容される（最高裁平成30年6月1日判決：長澤運輸事件）。したがって、定年退職後の勤務として、テレワーク勤務での雇用とすることも考えられはするものの、その場合は、新たな契約といえども、高年齢者雇用安定法の趣旨も考慮して、継続雇用の実質を害さずかつ労働契約法20条で禁止される不合理なものとならないように業務内容および待遇を決める必要がある。

❸雇用型テレワーカーと自営型テレワーカーとの契約類型の変更

　雇用型テレワーカーを自営型テレワーカーにすること、またはその逆は、契約内容の本質的な変更に当たることから、使用者とテレワーカーとの間で契約内容の変更に関して明確な合意を必要とするのが原則である。

---

*8　働き方改革関連法による改正により、2020年4月1日からは「短時間労働者及び有期雇用労働者の雇用管理の改善等に関する法律」8条（不合理な待遇の禁止）および9条（差別的取扱の禁止）の各規定により規律されることとなる。

しかし前述したとおり、ある就労者が雇用型テレワーカーであるのか自営型テレワーカーであるのかは、契約の名称で決まるものではなく、実態に即して決定されるものであるため、現実的には、どこからが労働条件の変更の問題として業務命令でできるのか、どこからが契約類型の変更になり、個別の合意が必要になるのかは、必ずしも一義的に明らかではない。したがって、具体的な事案ごとに個別に判断し、微妙なケースでは、専門家の意見も徴して慎重に決定する必要がある。

　以上のとおり、雇用型テレワークと自営型テレワークとの境界は、必ずしも明確ではないことを念頭におきつつ、就労者が雇用型テレワーカーとされる場合に適用される労働法規の内容を以下に整理することとしたい。

第2　雇用型テレワークに対する労働法規の適用

1．労働関係法規一般の原則適用

　雇用型テレワーカーに対しては、通常勤務の労働者と同様、その労働条件には労働基準法、労働安全衛生法等の労働基準関係法令が適用され、労働契約法により解雇制限、不利益変更の制限等の法理が適用される。さらに、同一労働同一賃金の原則も適用される。また雇用型テレワーカーという勤務形態の「労働者」を雇用することから、使用者は当該テレワーカーに対し、健康保険、介護保険、厚生年金保険、労災保険および雇用保険などの社会保険を適用しなければならない。つまり、これらの労働法規上の義務の適用自体に関しては、雇用型テレワーカーであろうが通常勤務の労働者であろうが違いはない。また、雇用型テレワーカーといえば、通常は正社員が念頭におかれるが、いわゆる非正規社員（有期雇用労働者、パートタイマー、派遣労働者、契約社員、嘱託など）も含みうることから、それぞれに関する特別法規も、それらの契約類型の通常勤務の労働者に対する場合と同様に適用される。

　ただし、雇用型テレワーカーが勤務する方法としては、これまでにみてきたとおり、在宅勤務、サテライトオフィス勤務、モバイル勤務、およびそれ

らの組み合わせであることに加え、フルタイムか一部のみのテレワークか、どの範囲でテレワークとするかも選択でき、その選択を労働者にどの程度委ねるかなど、勤務方法に関する組み合わせは無限にある。

　労働関係法規の適用において、そのような勤務場所に関する特殊性のもっとも大きなものが、その適用の単位となる事業場をどのように決定するかである。まずその点から、検討していきたい。

2.「事業場」の概念

❶基本的考え方

　労働関連法規の適用においては、事業場がどこかを決めておく必要がある。就業規則の作成、改定・届け出や三六協定といった各種労使協定の改定の届け出は事業場単位で行なわれなければならず、また事業場外労働を考える場合にも、当該テレワーカーの事業場がどこかを決定する必要がある。

　通常の勤務者の場合、所属する事業場がどこかは比較的明確だが、テレワークのように、その全部または一部を通常のオフィス外で勤務する場合には、当該テレワーカーにとっての「事業場」をその勤務実態に合わせて決定しなければならない。

　事業場をどのように決定するかについては、昭和47年9月18日発基第91号通達の第2の3に「事業場の範囲」として行政解釈が示されている。そこでは、①原則として同一の場所にあるものを個の事業場とし、②場所が分散していても規模が小さく独立性のないもの（出張所等）は直近上位の機構と一括してひとつの事業場とする。③なお、労働安全衛生法がより適切に運用できる場合、同一の場所にあっても、著しく労働の態様を異にする部門があるなら、その部門を主たる部門と切り離して別個の事業場としてとらえること、とされている。

❷在宅勤務およびモバイル勤務の場合

　在宅勤務にせよモバイル勤務にせよ、その全部または一部の就業場所は、通常勤務者の勤務するオフィス外の、テレワーカーの自宅、または空港・駅

などの出先となるが、上記の通達によれば、それらの自宅等は「規模が小さく」「独立性のある事業場」とみなすことはできない。したがって、在宅勤務やモバイル勤務の事業場は、勤務の全部または一部を行なう自宅や出先ではなく、当該労働者が身分上所属しているオフィスなどが、当該テレワーカーにとっての事業場となると考えられる。したがって、当該テレワーカーは、その事業場の就業規則・労使協定に従うこととなる。

❸サテライトオフィス勤務の場合

サテライトオフィスについては、他社などとの共用のオフィスである場合には、それを独立の事業場とすることはできない。また自社の専用のオフィスで一定以上の規模を有していても、それがサテライトオフィスであるなら、間接部門などがそこにはないと考えられ、その場所で事業が行なわれているとはいいがたい。これに対して、もともと事業場として存在している本社のオフィスなどに、他の事業場で勤務している従業員が出張等で利用できるサテライトオフィスをつくったような場合には、そのサテライトオフィスは事業場としての本社の一部になると考えられる。また、リゾート地などにサテライトオフィスを設け、一定数以上の従業員が少なくとも数ヵ月単位で勤務を行なうような場合であれば、そのサテライトオフィス自体を事業場とすべきと考えられる。

しかし、それらを利用する当該テレワーカーにとっては、サテライトオフィスで勤務する時間は例外的と考えられるので、本来所属しているオフィス等をその所属事業場とすべきである。

以上を前提として、労働関係法規の適用などを整理していくこととする。

第3　テレワークに対する労働時間規制の適用

雇用型テレワークには労働関係法規が適用されることは上記のとおりであるが、在宅勤務およびサテライトオフィス勤務については当然のこととして、モバイル勤務についても、労働時間に関する労働基準法等の規制が当然に

及ぶ。しかし、Ⅰ章第2で前述したとおり、テレワークに本質的ではないといっても、労働時間の柔軟性を高めることは、テレワークという働き方を選択した意味を十分に活かすためには重要なポイントとなる。そこで以下、労働時間の柔軟化を中心として、労働時間規制に関する具体的な問題点を整理する。

1. 働き方改革と労働時間状況の適正な把握義務

　労働時間の柔軟化を検討する前提として押さえておかねばならない点は、労働時間の柔軟化をはかるとしても、使用者には労働時間の適正把握義務があることである。これについては、平成29年1月20日に厚生労働省から、「労働時間の適正な把握のために使用者が講ずべき措置に関するガイドライン」が公表されている。そこでは、使用者が講ずべき措置について具体的な指針が示されていたが、当時は労働基準法41条に定められる管理監督者、および事業場外労働や裁量労働でみなし労働時間制が適用される労働者の労働時間は、このような労働時間把握義務の対象外とされ規制の対象外であった。[*9]

　しかし、加重労働の健康被害の問題に対処するため、働き方改革関連法により、労働安全衛生法に66条の8の3の規定が新設され、それまで労働時間把握の対象から除外されていた管理監督者の労働時間や裁量労働制で働く労働者の労働時間などを含め、（新設される高度プロフェッショナル制度で従事する労働者以外の労働者の）労働時間は厚生労働省令で定める方法により、その状況を把握しなければならないものとされた。そして、このような労働時間把握の義務は、雇用型テレワーカーにも同様に適用されるので、新たに

---

*9　雇用型テレワークガイドラインでも、「通常の労働時間制度に基づきテレワークを行う場合についても、使用者は、その労働者の労働時間について適正に把握する責務を有し、みなし労働時間制が適用される労働者や労働基準法第41条に規定する労働者を除き、「労働時間の適正な把握のために使用者が講ずべき措置に関するガイドライン」（平成29年1月20日策定）に基づき、適切に労働時間管理を行わなければならない。」とされ、管理監督者等は、通常勤務者の場合と同様、労働時間把握義務の対象から除外されていた。
　しかし働き方改革の結果として、管理監督者等も労働時間把握義務の対象とするものとされたため、それらの者がテレワーカーである場合も、同様に労働時間把握の義務があることになる。

時間管理の対象とされる裁量労働制で働く労働者や管理監督者が、テレワーク勤務を行なう場合にも、労働時間の状況の把握が必要となった。

　もっとも、働き方改革関連法で新しく導入された高度プロフェッショナル制度については、時間で労働するという考え方になじまないとして、その制度下で働く労働者は、使用者の労働時間状況把握義務についても、その対象外とされている。しかしその一方で、使用者は、当該労働者の「健康管理時間」を把握し、法定労働時間を超過する時間が月100時間を超える場合には、医師の面接指導を行なわなければならないものとされた。[*10]健康管理時間とは、休憩時間や組合活動時間等の仕事以外の時間も含めて、労働者が事業所内にいる時間、および事業所外で勤務した時間の合計であり、その意味では、労働時間より長くなることが予想されている。

　このように、働き方改革関連法により、裁量労働制や事業場外みなし労働時間制などを採用した場合であっても、また高度プロフェッショナル制度で勤務する労働者についても、労働安全衛生の見地から労働時間の状況や健康管理時間を把握する義務が課せられる。

　しかしそれでもなお、みなし労働時間制を採用することは、労働量の決定を使用者ではなく労働者に与え、労働時間と賃金とのリンクを断ち切ることができる点で、労使双方にとって、これを利用する価値がある。

　労使ともにというと、首をかしげる人も多いかもしれない。しかし、使用者にとって、残業代支払い義務がないというメリットがあるだけでなく、労働者側にとっても労働生産性を向上させることにより、柔軟な働き方を実現させやすいというメリットがある。それだけでなく、短時間で成果をあげる

---

*10　労働安全衛生法の該当部分の条文は以下のとおり。
　「第六十六条の八の三　事業者は、第六十六条の八第一項又は前条第一項の規定による面接指導を実施するため、厚生労働省令で定める方法により、労働者（次条第一項に規定する者を除く。）の労働時間の状況を把握しなければならない。
　第六十六条の八の四　事業者は、労働基準法第四十一条の二第一項の規定により労働する労働者であつて、その健康管理時間（同項第三号に規定する健康管理時間をいう。）が当該労働者の健康の保持を考慮して厚生労働省令で定める時間を超えるものに対し、厚生労働省令で定めるところにより、医師による面接指導を行わなければならない。」

ことができれば、労働時間短縮も不可能ではない。もちろん同調圧力の高いわが国の企業文化のなかで、柔軟な働き方の実現が容易ではないことは予想される。また、要求が過大となる場合は、長時間労働となるおそれもある。

　しかし、世界的にみて生産性の低いわが国の働き方を改善してゆくことは必要であり、テレワークの導入は、そのような企業文化の変化のためにも行なう価値があると考えられる。また、これらの柔軟化が労働者の健康を損なうものであっては、労働生産性の低下となり、本末転倒である。上述のような、労働時間状況の適正な把握義務がなくても、使用者は、過重労働とならないように留意をするべきである。

　以上を踏まえて、以下では労働時間の柔軟化を中心に、テレワークに対する労働時間制度の適用についてみてゆくこととする。

2．労働法規制下のテレワークと労働時間柔軟化制度

⑴　事業場外みなし労働時間制の適用

　前述のとおり、テレワークの本質が情報通信技術を利用した事業場外勤務であることから、事業場外みなし労働時間制は、テレワークになじみやすい労働時間の柔軟化措置といえる。

❶テレワークと事業場外労働の関係

　事業場外みなし労働時間制とは、「労働者が労働時間の全部又は一部について事業場外で業務に従事した場合において、労働時間を算定し難いときは、所定労働時間労働したものとみなす」制度（労働基準法38条の２第１項）であり、「当該業務を遂行するためには通常所定労働時間を超えて労働することが必要となる場合においては、当該業務に関しては、厚生労働省令で定めるところにより、当該業務の遂行に通常必要とされる時間労働したものとみなす」（同項但し書き）制度である。

　前述のとおり、サテライトオフィス勤務においては、勤務場所であるサテライトオフィスがテレワーカーの事業場であると認められる例外的な場合があるが、そのような場合を除いて、テレワーク勤務を行なう場所は、原則と

して事業場外である（事業場概念については前述のとおり）。したがって、テレワーク勤務は、多くの場合、事業場外みなしの適用要件である「事業場外」の要件を満たしている。

しかし、それだけではみなし労働時間制を適用することはできない。みなし労働時間制が適用されるためには、当該事業場外勤務が「労働時間を算定し難いとき」に該当しなければならない。ここで問題となるのは、テレワークの本質が「情報通信技術を利用した」事業場外勤務であるため、情報通信技術の利用により、事業場外であっても労働時間が算定できると考えられる点である。

❷「労働時間を算定し難い場合に当たるか」のガイドラインの基準

①情報通信機器が常時通信可能な状態におくこととされていないこと

この問題について、雇用型テレワークガイドラインは、事業場外みなし労働時間制の適用のためには、明示または黙示の指示により、

・情報通信機器が、使用者の指示により常時通信可能な状態におくこととされていないこと

が必要であり、そのためには、

・使用者が労働者に対して情報通信機器を用いて随時具体的指示を行なうことが可能であり、かつ、使用者からの具体的な指示に備えて待機しつつ実作業を行なっている状態または手待ち状態で待機している状態にはないこと

が不可欠であるとする。そして、

・サテライトオフィス勤務等で、常時回線が接続されており、その間労働者が自由に情報通信機器から離れたり通信可能な状態を切断したりすることが認められず、また使用者の指示に対し労働者が即応する義務が課されている場合には、「情報通信機器が、使用者の指示により常時通信可能な状態におくこと」とされていると考えられる

とされている。

しかしこのような区分の仕方は、なお曖昧さを残しており、個別具体的な

事案において労働時間を算定しがたい場合に該当するか否かの判断には、さらに踏み込んだ検討が求められる。

　この点について、海外旅行ツアーの添乗員に対して事業場外みなし労働時間制が適用できるか否かを判断をした阪急トラベルサポート事件（最高裁平成26年1月24日判決）が参考になる。この事件で最高裁は、

・ツアーの開始前に会社は、添乗員に対し具体的な目的地およびその場所において行なうべき観光などの内容や手順などを示すとともに、添乗員用のマニュアルにより具体的な業務の内容を示し、これらに従った業務を行なうことを命じ、添乗員は事前に詳細に取り決められたツアーの旅行日程につき、変更補償金の支払いなど契約上の問題が生じうる変更が起こらないように、旅程の管理等を行なうことが求められており、その結果、添乗員が自ら決定できる事項の範囲およびその決定に係る選択の幅が限られていたこと

・ツアーの実施中会社は、添乗員に対し携帯電話を所持して常時電源を入れておき、ツアー参加者との間で契約上の問題や、クレームが生じうる旅行日程の変更が必要となる場合には、会社に報告して指示を受けることが求められていたこと

・ツアーの終了後において会社は、添乗員に対し旅程の管理などの状況を具体的に把握することができる添乗日報によって、業務の遂行の状況などの詳細かつ正確な報告を求めており、その報告の内容については、ツアー参加者のアンケートを参照することや関係者に問い合わせをすることによって、その正確性を確認できるものになっていたこと

を認定し、そのうえで、以上のような業務の性質、内容やその遂行の態様、状況、本件会社と添乗員との間の業務に関する指示および報告の方法・内容やその実施の態様、状況などに鑑みると、本件添乗業務は、これに従事する添乗員の勤務の状況を具体的に把握することが困難であったとは認めがたく、労働基準法38条の2第1項にいう「労働時間を算定し難いとき」に当たるとはいえないと結論づけた。

すなわち、雇用型テレワークガイドラインが述べるような、「情報通信機器が、使用者の指示により常時通信可能な状態におくこととされて」いるか否かのみでなく、業務内容や実施状況を具体的に認定し、それを分析検討して初めて、「労働時間を算定し難いとき」に該当するとの判断をしているのである。

このような具体的な状況を検討することなく、情報通信機器が使用者の指示により常時通信可能な状態におくこととされているだけで、「労働時間を算定し難いとき」には該当しないとする上記テレワークガイドラインの考え方では、テレワーク勤務のほとんどについて、事業場外みなし労働は適用できないことになりかねない。それどころか、テレワーク勤務に限らず、通常の営業活動の大半にも、事業場外労働のみなし時間制は適用できないことになりかねない。

この点については、次項で検討することとして次に、同ガイドラインが掲げるもうひとつの要件をみる。

②随時、使用者の具体的指示のもと業務を遂行している場合ではないこと

雇用型テレワークガイドラインでは、情報通信機器が常時通信可能な状態におくこととされていないとしても、テレワーカーが何らかの方法で随時、使用者の具体的な指示にもとづいて業務を行なっている場合には、事業場外みなし労働時間制を適用することはできないとしている。

しかし同ガイドラインは、この具体的な指示の意味について、「例えば、当該業務の目的、目標、期限等の基本的事項を指示することや、これら基本的事項について所要の変更の指示をすることは含まれない」と述べるだけで、それ以上の説明はしていない。そのため、具体的にどのような指示をした場合にみなし時間制の適用外となるのかは、明らかではない。

❸「労働時間を算定し難い場合」に当たるか否かの判断

テレワークには、在宅勤務、サテライトオフィス勤務、モバイル勤務などの異なる態様があり、それらを一括して、雇用型テレワークガイドライン記載のように、「労働時間を算定し難い場合」の基準を定めようとすることに

は無理がある。それらのテレワークの就労形態を含めた就労の実態を踏まえ、労働時間を算定しがたい場合に該当するか否かを、個々の具体的事例に応じて慎重に決定する必要がある。

同ガイドラインでは、「サテライトオフィス勤務等で、常時回線が接続されており、その間労働者が自由に情報通信機器から離れたり通信可能な状態を切断したりすることが認められず、また使用者の指示に対し労働者が即応する義務が課されている場合には、「情報通信機器が、使用者の指示により常時通信可能な状態におくこと」とされていると考えられる」との具体例をあげているが、確かにサテライトオフィス勤務の場合には比較的労働時間管理を行ないやすいので、情報通信機器の常時接続が義務づけられているだけで、「労働時間を算定し難いとき」には当たらないとすることも可能であろう。

しかし、これを一般化することはできない。なぜなら、たとえば在宅勤務のように、当該就労者が個人で独立して業務を遂行している場合は、情報通信機器の常時接続が義務づけられているというだけで、当然に「労働時間を算定し難いとき」には当たらないと結論づけてよいか疑問が残るからである。在宅勤務はサテライトオフィスと異なり、その都度確認をしなければ、労務の遂行状況が客観的に明らかになりにくいため、使用者（管理監督者）が常時接続された機器を使用して、在宅勤務者の業務遂行状況を頻繁に確認しなければならないとすることは、必ずしも現実的でない。これは、モバイル勤務ではさらに強く当てはまる。

この点について、阪急トラベルサポート事件の最高裁判決の事例をみると、そこでは、単に携帯電話が常時接続できる状況となっているだけでなく、業務内容が事前に詳細に取り決められ、添乗員はこれをできる限り維持することが求められ、かつ、業務終了後に報告書を提出することが義務づけられ、その報告内容も、それが実態にもとづくものであるかを確認することが可能であったという事情までの認定を行なったうえで、「労働時間を算定し難いときには当たらない」との結論を導いている。つまり、単に携帯電話の常時接続のみで、当然に「労働時間を算定し難いときには当たらない」とはして

いないのである。

　この問題に関しては、営業社員に事業場外みなしの適用が可能かについて、東京高裁で判決が出された近時の事案でも、「訪問の際、随時、被告の内勤社員の携帯電話の電子メールや電話で連絡を取り合って、スケジュールを確認したり、訪問先での工務店の都合等によるスケジュール変更、個々の訪問終了時の営業活動の結果を報告したりしていた。また、被告からの携帯電話のメールや電話で、今後の予定、スケジュール変更の指示も随時受けていた」事例について、「携帯電話等の情報通信機器の活用や労働者からの詳細な自己申告の方法によれば労働時間の算定が可能であっても、事業場外労働みなし制の適用のためには、労働時間の算定が不可能であることまでは要さないから、その方法の実施（正確性の確認を含む。）に過重な経済的負担を要する、煩瑣に過ぎる、といった合理的な理由があるときは「労働時間を算定し難いとき」に当たる」とされている（東京地裁平成30年１月５日判決、およびその控訴審である東京高裁平成30年６月21日判決）。

　つまり、物理的に労働時間の算定が可能であっても、現実的には困難とされる場合には、事業場外みなし労働時間制が適用できるとされている。したがって、雇用型テレワークガイドラインが述べるように、情報通信機器が、使用者の指示により常時通信可能な状態におくこととされているなら、「労働時間を算定し難いとき」には当たらないとして、事業場外みなし労働時間制は適用できないと一律に決定することはできない。

　このように、「労働時間を算定し難いとき」に該当するか否かは、テレワーク勤務の場所・態様・内容を踏まえて、その確認のための経済的負担や業務の効率性なども考慮して、慎重に決定するべきであり、微妙な事案については、外部の専門家の意見も聞くなどして、慎重に判断をすることが必要である。

　また、この問題は白か黒かといった断定ができない場合があるだけでなく、仕事の遂行方法が変われば結論が変わることが考えられるので、個別の事案での判断は、さらに困難がある。したがって、可能であれば、労使で協議を

図表1　採用している労働時間制度

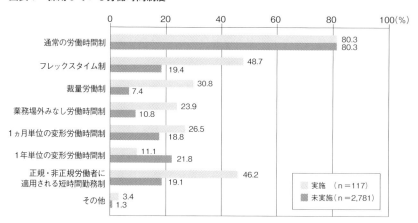

出所：テレワーク実施企業が採用している労働時間制度（厚生労働省ホームページ「平成26年度テレワークモデル実証事業」（企業アンケート））

したうえで、一定の基準を取り決めておくことが妥当であり、また、それも適宜に見直すことが望ましい。特に前述した労働時間状況の把握義務の履行という新しい課題もあるので、事業場外みなし労働時間制の適用は、慎重に行なうべきである。

(2)　労働時間の柔軟化

テレワークは、それが事業場外労働であることから、労働時間の柔軟化を考えるうえでは、以上みてきたように、事業場外みなし労働時間制の適用の有無が、まず検討対象となることは自然である。

これに対して、それ以外の労働時間制は、テレワークであることと、必然的に親和性が高いとはいえない。むしろ、テレワークによる過重労働の防止やワークライフバランスの維持などを考えた場合、通常の労働時間制のもとで、在宅勤務などのテレワークを行なうことのほうが、むしろ好ましい場合も多いと考えられる。

しかし、テレワーク導入企業の労働時間制に関する調査結果をみると、事業場外みなし労働時間制だけでなく、フレックスタイム制、裁量労働制などの利用が、通常勤務に比較して相対的に多いことが認められる。これは、ど

のような目的や形態でテレワークを導入するかによっても変わってくるため、一概にはいえないが、テレワーク導入に際して、その効率性を高めるために業務を見直すにあたり、より柔軟性の高い労働時間制の採用をあわせて検討している企業が多いことによるものであろうと考えられる。

そこで以下、テレワークとの関係で、裁量労働制およびフレックスタイム制について整理を行なうこととしたい。

❶裁量労働制

上記の調査によれば、テレワークを導入していない企業では、裁量労働制の利用率はきわめて低く、テレワークを導入している企業の導入率と比較すると、約4倍の開きがある。なぜテレワークを導入している企業について、裁量労働制の利用率がこのように高いのかを検討するため、まず、裁量労働制について概観しておくこととする。

①専門業務型裁量労働制

専門業務型裁量労働制（労働基準法38条の3）とは、業務の性質上、業務遂行の手段や方法、時間配分などを大幅に労働者の裁量に委ねる必要があるとして、厚生労働省令および厚生労働大臣告示によって定められた業務のなかから、対象となる業務を労使で定め、労働者を実際にその業務に就かせるもので、対象となる業務遂行の手段や方法、時間配分等に関し、労働者に具体的な指示をしない場合に、現実の労働時間にかかわらず、労使であらかじめ定めた時間を働いたものとみなすことができる制度である。

下記の19業務に限り、事業場の過半数労働組合または過半数代表者と労使協定を締結することにより導入できるとされている。

・新商品もしくは新技術の研究開発、または人文科学もしくは自然科学に関する研究の業務
・情報処理システム（電子計算機を使用して行なう情報処理を目的として複数の要素が組み合わされた体系であってプログラムの設計の基本となるものをいう。以下のシステムコンサルタントの業務において同じ）の分析または設計の業務

・新聞もしくは出版の事業における記事の取材もしくは編集の業務、または放送法（昭和25年法律132号）2条4号に規定する放送番組もしくは有線ラジオ放送業務の運用の規正に関する法律（昭和26年法律135号）2条に規定する有線ラジオ放送もしくは有線テレビジョン放送法（昭和47年法律114号）2条1項に規定する有線テレビジョン放送の放送番組（以下「放送番組」と総称する）の制作のための取材もしくは編集の業務

・衣服、室内装飾、工業製品、広告等の新たなデザインの考案の業務

・放送番組、映画等の制作の事業におけるプロデューサーまたはディレクターの業務

・広告、宣伝等における商品等の内容、特長等に係る文章の案の考案の業務（いわゆるコピーライターの業務）

・事業運営において情報処理システムを活用するための問題点の把握またはそれを活用するための方法に関する考案もしくは助言の業務（いわゆるシステムコンサルタントの業務）

・建築物内における照明器具、家具等の配置に関する考案、表現または助言の業務（いわゆるインテリアコーディネーターの業務）

・ゲーム用ソフトウェアの創作の業務

・有価証券市場における相場等の動向または有価証券の価値等の分析、評価またはこれにもとづく投資に関する助言の業務（いわゆる証券アナリストの業務）

・金融工学等の知識を用いて行なう金融商品の開発の業務

・学校教育法（昭和22年法律26号）に規定する大学における教授研究の業務（主として研究に従事するものに限る）

・公認会計士の業務

・弁護士の業務

・建築士（一級建築士、二級建築士および木造建築士）の業務

・不動産鑑定士の業務

・弁理士の業務

・税理士の業務

・中小企業診断士の業務

　これらの対象業務をみると、その性格上、全部または一部をテレワークで行なうことが可能なものであることがわかる。それは、これらの業務が、労働者に対して業務遂行の手段や方法、時間配分等に関して、具体的指示をしなくても遂行が可能なものであるため、使用者や管理監督者から離れて行なうことによる支障が少ないものであることによるものと考えられる。

　②企画業務型裁量労働制

　企画業務型裁量労働制（労働基準法38条の４）とは、企業等の運営に関する事項についての企画、立案、調査および分析の業務であって、業務の遂行方法などに関し、使用者が具体的な指示をしないものについて、現実の就労時間にかかわらず、下記の決議によって定めた時間を労働したものとみなすことができる制度である。このような業務についても、専門業務型裁量労働制対象業務と同様、使用者や管理監督者から離れて行なうことによる支障が少ないと考えられるが、当該企業等の運営に関する事項についてのものである点で専門業務型の対象業務よりは、企業から離れて、独立して行なうことに、なじみにくいところがあると考えられる。

　その導入・適用にあたっては、そのような業務の行なわれる事業場において、労働者を代表する委員が半数以上を占めている労使委員会で、以下の事項について委員の５分の４以上の多数による議決により決議を行ない、当該決議を所轄労働基準監督署に届け出ること、および当該労働者の同意を得ることを必要とする。

・対象となる業務の具体的な範囲（「経営状態・経営環境等について調査および分析を行ない、経営に関する計画を策定する業務」など）

・対象労働者の具体的な範囲（たとえば「大学の学部を卒業して５年以上の職務経験、主任（職能資格○級）以上の労働者」など）

・当該労働者が労働したものとみなす時間

・使用者が対象となる労働者の勤務状況に応じて実施する健康及び福祉を

確保するための措置の具体的内容（「代償休日または特別な休暇を付与
すること」など）

・苦情処理のための措置の具体的内容（「対象となる労働者からの苦情の
申し出の窓口および担当者、取り扱う苦情の範囲」など）

・本制度の適用について労働者本人の同意を得なければならないこと、お
よび不同意の労働者に対し不利益取り扱いをしてはならないこと

・決議の有効期間（３年以内とすることが望ましい）

・企画業務型裁量労働制の実施状況に係る記録を保存すること（決議の有
効期間中およびその満了後３年間）

③裁量労働制とテレワーク

専門業務型裁量労働制にせよ、企画業務型裁量労働制にせよ、それぞれの
制度において、みなし労働時間制を適用するためには、当該業務の遂行の手
段および時間配分の決定などに関し、使用者が具体的な指示をしないことが
必要となるが、当該業務の遂行の場所の指定は、この禁止のなかに含まれて
おらず、使用者が指定することが可能である。ただし、裁量労働制に関して、
就業の場所に特段の定めをおかない場合、通常勤務と同様に業務遂行は出社
して行なうことが、その労働条件の内容として当然に定められているものと
考えられる。

したがって、裁量労働制をテレワークで行なうことを認める場合には、そ
の旨の明確な規定をおく必要があり、どのようなテレワーク（在宅勤務、サ
テライトオフィス勤務、モバイル勤務など）を、どのような範囲・条件（業
務の一部のみのテレワーク勤務を認める場合には、その範囲や手続きなど）
で認めるのかについて、明確に定めなければならない。

そして、上述のようにテレワーク勤務において裁量労働制の利用の度合い
が高いとの結果は、これらの裁量労働制を採用できる種類の業務が、テレ
ワークに適している場合が多いことを意味していると考えられる。しかし、
上記の相関関係について、それ以上の論理的な必然は見出せない。そして、
上記のとおり裁量労働制の対象業務も多岐にわたり、その専門性や独立性、

他の従業員との共同作業の程度、必要とされる社内コミュニケーションの程度や質などもいろいろな程度が考えられるため、個別具体的に、当該裁量労働について、どの程度のテレワークを認めることが適当かについては、慎重に検討することが必要である。

❷変形労働時間制とフレックスタイム制

変形労働時間制とフレックスタイム制は、裁量労働制とは異なり、所定労働時間の枠内でその柔軟な使用を認めるものである。

このうち変形労働時間制は、法律の認める一定期間内での所定総労働時間の枠内で、それぞれの日の労働時間を使用者が指定するものであり、労働者の側に労働時間の決定権を与えるものではない。そのため、テレワークとの親和性がとりわけ高いわけではなく、テレワークに特有な問題などもない。上記の調査結果をみても、テレワーク導入企業とそれ以外との間に変形労働時間制の採用について顕著な差は認められない。

これに対して、フレックスタイム制（労働基準法32条の３）は、１日の労働時間の長さを固定するのではなく、就業規則その他これに準ずるものにより、始業および終業の時刻をその労働者の決定に委ねる旨を定めるとともに、労使協定において、対象労働者の範囲、清算期間、清算期間における総労働時間、標準となる１日の労働時間などを定めることにより、労働者はその総労働時間の範囲で各労働日の労働時間を自己の裁量により決定し、その生活と業務との調和をはかりながら効率的に働くことができるとする制度である。

この清算期間の上限は従前、１ヵ月とされていたが、使いにくいとの指摘があったため、フレックスタイム制の利用促進をはかるべく、働き方改革関連法による労働基準法の改正により、３ヵ月以内に延長されている（ただし、清算期間が１ヵ月を超える場合の労使協定は、締結だけでは足りず、届け出が必要とされる）。

フレックスタイム制は、裁量労働制のように労働時間の総量についてまで労働者の裁量を認めるものではなく、労働時間配分の裁量を認めるものでしかないため、裁量の幅は狭い。しかし、たとえば育児や介護のために必要と

なる時間を踏まえて、始業や終業の時刻を調整することや、オフィス勤務の日は労働時間を長くする一方で、在宅勤務の日の労働時間を短くして家庭生活に充てる時間を増やす、といった運用が可能となる。またそのような育児・介護などで必要となる中抜け時間についても、（それを休憩時間等とすると労働時間外とされることに対して）労働者自らの判断により、その時間分の終業時刻を遅くしたり、清算期間の範囲内で他の労働日に労働時間を調整したりすることができる。このように変型労働時間制の利用により、ワークライフバランスの観点からテレワークを導入する場合等に、その効果を高めることが期待される。

加えて、裁量労働制では利用可能な対象業務に制限があるが、フレックスタイム制には対象業務についての制限はなく、幅広い種類の労働で導入できる点で、利用の余地は広い。

なお、上述したとおり、働き方改革関連法による労働安全衛生法の改正により、裁量労働についても、労働時間状況の適正な把握が使用者の義務とされている。フレックスタイム制は、あくまで始業および終業の時刻を労働者の決定に委ねる制度であるため、従前同様、使用者は各労働者の労働時間の把握を「労働時間の適正な把握のために使用者が講ずべき措置に関するガイドライン」にもとづき、適切に行なわなければならない。

図表2にみるとおり、フレックスタイム制の利用は減少傾向にあったが、テレワーク導入企業ではその導入割合が高くなっている。これは、在宅勤務制度などのテレワーク導入にあたり、通勤時間の減少、生活の場における就労と相まって、フレックスタイム制を採用することによりワークライフバランス向上が期待できること、生活時間とのバランスにおいて、労働時間の有効な利用がやりやすくなることなどのメリットがあるためと考えられる。

3. テレワーク勤務における労働時間の適正な把握

以上、労働法規制のもとでの、テレワーク労働時間の柔軟化について概観したが、このような柔軟化の制度のもとでも、働き方改革関連法による労働

図表２　フレックスタイム制を導入している企業の割合の推移

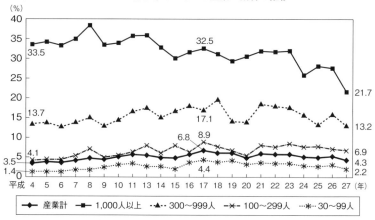

備考：1．平成11年までは労働省「賃金労働時間制度等総合調査」、13年以降は厚生労働省「就労条件
総合調査」より作成。
2．平成20年および27年で、調査対象が変わっているため、時系列比較には注意を要する。
平成４～19年の調査対象：本社の常用労働者が30人以上の民営企業
20～26年の調査対象：常用労働者が30人以上である会社組織の民営企業
27年の調査対象：常用労働者が30人以上の民営法人（複合サービス業、会社組織以外の法人（医
療法人、社会福祉法人、各種の協同組合等）を含む）
3．平成11年までは各年12月末日現在、13年以降は各年１月１日現在の値。調査時点が変更に
なったため、12年はない。
4．平成24～26年は、東日本大震災による企業活動への影響等を考慮し、被災地域から抽出され
た企業を調査対象から除外し、被災地域以外の地域に所在する同一の産業・規模に属する企業
を再抽出し代替。
5．平成27年は、26年４月に設定されている避難指示区域（帰還困難区域、居住制限区域および
避難指示解除準備区域）を含む市町村に所在する企業を調査対象から除外。

出所：内閣府ホームページ

安全衛生法の改正により、労働時間状況の把握についての使用者の義務が、
管理監督者および裁量労働者にまで拡大したことは上述のとおりである。ま
た、新しく設けられた高度プロフェッショナル制度下で就労する労働者につ
いては、テレワークで勤務する労働者に対しても、健康管理時間の把握が義
務づけられている。

そして、前示の統計をみる限りテレワーカーの主流は、通常の労働時間制
のもとで働いているのであるから、これらについては、健康管理のための労
働時間状況の把握ではなく、残業割増等を含む給与計算の前提として労働時
間の適正な把握が義務づけられている。そこで以下、労働時間の適正な把握

を行なううえで、テレワーク勤務に特有の問題について検討したい。

(1)　労働時間の適正な把握のために使用者が講ずべき措置

労働時間の適正な把握のための措置については、上述のとおり、平成29年1月20日策定のガイドラインが公表されている。そこでは、始業・終業時刻の確認方法として、

- ・使用者が自ら現認することにより確認し、記録すること
- ・タイムカード、ICカードなどの客観的な記録を基礎として確認し記録すること

を原則とし、労働者の自己申告によらざるをえない場合は、

- ・自己申告制の対象となる労働者に、労働時間の実態を正しく記録し、適正な自己申告を行なうことなどについて十分に説明すること
- ・自己申告により把握した労働時間が実際の労働時間と合致しているか否かを、必要に応じて実態調査すること
- ・労働者の労働時間の適正な申告を阻害する目的で時間外労働時間数の上限を設定するなどの措置を講じないこと、および社内通達が時間外労働手当の定額払いなど、労働時間にかかわる措置が労働時間の適正な申告を阻害する要因となっていないかを確認し、要因となっている場合には改善の措置を講ずること

などの定めをおいている。したがってテレワークにおいても、このような方法により、適正な労働時間の把握が必要となる。

(2)　中抜け時間の問題

しかしテレワークでは、労働時間の把握について通常勤務の場合と異なる問題が生じうる。最初に問題となるのは、いわゆる中抜け時間である。

育児や介護などの必要性からテレワークを在宅勤務の形で行なう場合、自宅で身近にいて、即時かつ随時に仕事を中断して育児や介護に対応できる点は、育児や介護に費やす時間の計画的配分がむずかしい就労者にとって、在宅勤務が大きなメリットとなる。

もちろん、それらのための中抜け時間は、業務効率の低下を招きかねない

ので、使用者にはデメリットとなる面があるが、中抜け時間に対する取り扱い、およびそれを含めた適切な待遇などを設定し、従業員間の公平をはかることができるなら、有能な人材を確保し、かつ女性の活躍も推進できるという大きなメリットとなる。同様の状況は、程度の差こそあれ、モバイル勤務やサテライトオフィス勤務でも、通常勤務の場合以上に生じうる。[11]

そこで、中抜け時間をどのように処理するのかを整理しておきたい。

中抜け時間への対応は、通常勤務の場合、その発生が例外的でもあるので、「私用一時外出」で処理し、届け出をどのような形で行なうのか、給与からの控除をどのようにするのかを定めておく程度の対応ですまされている。しかし、テレワーク勤務においては、通常勤務の場合以上に中抜け時間の発生が見込まれるので、制度的に検討する価値のある問題である。

❶時間単位の年次有給休暇の付与

考えられるひとつの方策として、中抜け時間に相当する時間について、時間単位の年次有給休暇を付与する方法がある。この場合、半日単位での付与とは異なり、労使協定の締結が必要であり、年5日が限度とされている（労働基準監督署への届け出は不要）との制限はあるが給与を失うことなく中抜け時間を使用できることで、労働者側のメリットは大きいと考えられる。

時間単位の年休付与のための労使協定では、①時間単位年休の対象労働者の範囲、②時間単位年休の日数（繰り越し分があっても年間5日以内）、③時間単位年休1日の時間数（1時間に満たない端数がある場合には時間単位に切り上げる）、④1時間以上の時間を単位とする場合はその時間数などを

---

*11　この問題について雇用型テレワークガイドラインは次のように述べている。
　「在宅勤務等のテレワークに際しては、一定程度労働者が業務から離れる時間が生じやすいと考えられる。
　そのような時間について、使用者が業務の指示をしないこととし、労働者が労働から離れ、自由に利用することが保障されている場合には、その開始と終了の時間を報告させる等により、休憩時間として扱い、労働者のニーズに応じ、始業時刻を繰り上げる、又は終業時刻を繰り下げることや、その時間を休憩時間ではなく時間単位の年次有給休暇として取り扱うことが考えられる。なお、始業や終業の時刻の変更が行われることがある場合には、その旨を就業規則に記載しておかなければならない。また、時間単位の年次有給休暇を与える場合には、労使協定の締結が必要である。」

決める必要がある。

　このような形での年休の付与を行なうことは、働き方改革関連法にともなう労働基準法の改正により、10日以上の年休を有する者には、最低5日間の年休の消化をさせることが使用者の義務となったことから、年次有給休暇の利用促進をはかることにもつながり、使用者にとっても意味がある（時間単位の付与により、その合計時間が1日の労働時間未満である場合には、これを1日分とはカウントできないが、1日分を超える場合は、5日の付与義務のうちの1日分とすることができる）。

❷休憩時間

　年次有給休暇の時間単位の付与以外の方法としては、私用一時外出とする場合を除くと、その時間分の休憩時間の付与が考えられる。

　労働基準法上は、6時間を超え8時間までは45分、8時間を超える場合は60分の休憩時間を事業所単位で一斉に付与しなければならないこととされている（労働基準法34条2項）。ただし、運送事業、販売・理容の事業、金融・保険・広告の事業、映画・演劇・興行の事業、郵便・電気通信の事業、保健衛生の事業、旅館・飲食店・娯楽場の事業、官公署の事業については一斉付与の例外が認められており、それ以外の事業でも、労働者代表との労使協定（届け出不要）により一斉付与の例外とすることができる。

　このような例外処理をして、休憩時間を取得する時間帯を調整することが考えられるほか、そもそも上記時間を超える休憩時間は一斉付与の対象とはならないため、個別に取得を認める方法もある。むろん、任意の時間に休憩をとることを認める場合、その単位時間、申告方法、承認の要否など、業務の実態に合わせたルールの設定が必要となる。

　なお、この問題とは性格が異なるが、雇用型テレワークガイドラインでは休憩時間に関して、「テレワークを行う労働者について、本来休憩時間とされていた時間に使用者が出社を求める等具体的な業務のために就業場所間の移動を命じた場合、当該移動は労働時間と考えられるため、別途休憩時間を確保する必要があることに留意する必要がある」とされている。一見当然の

ようであるが、労働者が自己の意思で、休憩時間を利用して就業場所を変更するのであれば休憩時間の実質を失わないことも考えられる。このように、それが労働時間に当たるか否かは、使用者の指揮命令下にあったといえるか否かにより決まるものであり、休憩時間や中抜け時間の認定の問題とも関連するが、個別の認定判断には注意が必要である。この執務場所間の移動時間の取り扱いについては後述する。

❸始業・終業時間の変更による対応

このような中抜け時間の問題は、前述の裁量労働制やフレックスタイム制をとる場合には、そもそも生じない。これに対して変形労働時間制は、労働時間の弾力的運用のために始業・終業の時間の変更を行なうものであるが、休憩時間の特別な取り扱いを行なうものではないので、変形労働時間制をとる場合でも、上述した年次有給休暇の時間単位の付与や労使協定等による休憩時間の一斉付与の例外などの対応をとる必要が残る場合が多いと考えられる。

(3) 短時間の業務中断

始業・終業時間変更や休憩、時間単位の年次有給休暇の付与などによる処理を必要とする明確な中抜けとは異なり、短時間の業務の中断や待機の時間は業務外とすべきか否かが曖昧な場合もある。これらは、必ずしもテレワークに特有の問題ではないが、中抜けと同様、テレワーク勤務の場合には、オフィスとは異なる環境下で、私的な事情により業務が中断されることなども多いと考えられる。そこで、そのような短時間の中断をどのように考えるべきであるかが問題となる。

この点について、コピーライターの労働時間が争われた東京地裁平成19年6月15日判決（山本デザイン事務所事件）では、「作業と作業の合間に一見すると空き時間のようなものがあるとしても、その間に次の作業に備えて調査をしたり、次の作業に備えて待機していたことが認められるのであり、なお、被告の指揮命令の下にあるといえるから、そのような空き時間も労働時間と認めるべきである。したがって、そのような時間を利用して原告がパソ

コンで遊んだりしていたとしても、これを休憩と認めるのは相当ではない」と判示していることが参考になる。

　テレワークは事業場外の勤務であり、常時、現実の指揮命令下にあるわけではないため、短時間の業務中断などを把握するのは困難である。したがって、テレワークの労務管理では明確な中抜けをきちんと処理するとともに、業務遂行中は当該業務の生産性が十分維持されているかの管理を重点的に行なうこととし、短時間の中断などは、これを問題としないことが適当であろう。

　この点は通常のオフィス勤務の場合も同じだが、テレワークではより一層当てはまると考えられ、当該時間の生産性を管理することの重要性がより高いといえる。

(4)　通勤時間や出張中の移動時間における業務

　テレワークの性質上、通勤時間や出張中の移動時間に情報通信機器を用いて業務を行なうことが可能であるところ、雇用型テレワークガイドラインでは、これらの時間は、使用者の明示または黙示の指揮命令下で行なわれるなら労働時間に該当するとされている。

　確かに、黙示であっても、使用者の指揮命令下で行なわれるものは労働時間に該当すると考えられるので、たとえばモバイル勤務として、通勤時間や出張旅行での移動時間中に、所定のセキュリティ規則遵守のうえ、電子メールなどを利用して業務を行なった場合、その時間は労働時間となりうる。

　ここで注意すべきは、制度として「テレワークなどを導入していない」としても、移動時間中の職務遂行を黙示に認めている場合には、それは労働時間にカウントされなければならず、モバイル勤務が黙示的に発生してしまうことがありうる点である。したがって、体系的な「テレワーク」導入の有無にかかわらず、あとあとの争いを防ぐ観点から、このような場合の労働時間算定を明確にルール化しておくことが必要である。

　なお、これと関連して考えるべきことは、テレワーク導入のメリットとも関係するが、テレワーク導入で情報通信機器の活用を広げ、在宅のまま行な

える業務範囲の拡大を契機とした、移動時間そのものの削減である。^{*12}このようにして、移動時間を最小限度とすることに加え、モバイル勤務により移動中も時間を無駄にしないことなど、時間の有効活用を可能とすることが、テレワーク推進の大きなメリットのひとつである。また、就労時間を有効活用することは、私生活の時間を確保することにもつながる。しかし、業務管理が不適切である場合には、労働時間が無制限に拡大しかねない。そこで、こうした、使用者・労働者のwin winの関係をどのように構築するのかを考えなければならない。

(5) テレワーク時の執務場所間の移動

たとえば、午前中だけ自宅やサテライトオフィスで勤務し、午後からオフィスに出勤するなど、勤務時間の一部にテレワークを取り入れることがある。この場合、Ⅱ章第3の3.(2)②の中抜け時間の問題に関して議論したとおり、就業場所の移動時間が、労働時間に該当するか否かは、それが使用者の指揮命令下におかれている時間かどうかにより、個別具体的に判断されることになる。

まず使用者が命ずることなく、労働者自らの都合により就業場所間を移動し、かつその移動中の時間の自由利用が保障されている場合は、その移動時間は労働時間ではない。したがって、裁量労働制または事業場外みなし労働時間制を採用していなければ、所定労働時間中に移動が行なわれた場合、私用外出または休憩時間として取り扱うことになる。ただし、移動時間中に使用者の明示または黙示の指示によりモバイル勤務などに従事したのであれば、その時間が労働時間に該当することは、上記移動時間の扱いと同様である。

他方で、前述のとおり、雇用型テレワークガイドラインでは、使用者が労働者に対し、所定の業務に従事するために必要な就業場所間の移動を命じた場合、そのための移動時間は労働時間と考えられるとしている。たとえば自

---

^{*12} ベルフェイスという、営業活動のためのWeb会議システムに特化した会社がある。
　テレワークの導入を、情報通信機器を活用する契機として、社内のWeb会議だけでなく、社外との打ち合わせ、さらには営業活動までを在宅・遠隔で行なえるようにすることは、業務効率の向上に大いに資するものと考えられる。

宅でテレワーク中の労働者に対して、使用者が具体的な業務のために指定される時間までの出社を求めたとすると、当該移動時間は労働時間に当たるとされる。しかし、この点については、さらに検討を必要とする。

確かに、指示にもとづき出社する際や、サテライトオフィスとの間の往復時などに事故や災害に遭遇した場合には、業務遂行上のものとして通勤災害ではなく労災になると考えられるが、そこにある程度の時間的長さがあり、労務からの解放が保障され、読書、ゲーム、睡眠等、自由に利用できる場合など、その移動中に時間の自由利用が認められているなら、これを労働時間として賃金支払いの対象とすることには無理がある。もちろん、その間に、モバイル勤務として何らかの業務遂行が命じられていたり、突発の業務遂行に備えて待機していることを必要とする状態であれば、これは賃金支払い上でも、労働時間とすべきである。このように、個別具体的状況によって判断が分かれるので、それぞれの状況を踏まえて慎重な検討を必要とする。

なお、使用者からの指示にもとづかない、労働者の判断によるサテライトオフィス間の移動時間や在宅勤務のための会社からの移動時間については、指揮命令下にないので労働時間とはいえず、賃金支払いの対象とはならないと考えられるが、そのような移動中の事故あるいは災害による負傷が、労災か通勤災害かについては、後述する。

(6) 不活動時間等の取り扱い

電話対応のコールセンター業務や、個別の随時の指示に対応するような業務を考えると、その業務のためにコールセンターやオフィスに出社しているのであれば、その出社している間は待機時間中も業務遂行中であることが明らかだが、自宅をはじめとして日常生活を営む場所で業務を遂行するとなると、その待機などの時間を労働時間とみるべきか否かは、とりわけ在宅勤務の場合に問題となる。

これについては、住込管理人の待機時間に関し、最高裁判所の平成19年10月19日判決（大林ファシリティーズ事件）で、「労働基準法32条の労働時間（以下、「労基法の労働時間という。」）とは、労働者が使用者の指揮命令下に

置かれている時間をいい、実作業に従事していないいわゆる不活動時間が労基法上の労働時間に該当するか否かは、労働者が不活動時間において使用者の指揮命令下に置かれていたものと評価することができるか否かにより客観的に定まるものというべきである」とされ、「不活動時間であっても労働からの解放が保障されていない場合には労基法上の労働時間に当たるというべきである。そして、当該時間において労働契約上の役務の提供が義務付けられていると評価される場合には、労働からの解放が保障されているとは言えず、労働者は使用者の指揮命令下に置かれているというのが相当である」として、居住場所における不活動時間の労働時間性が肯定されている。

このように、自宅等での不活動・待機時間の労働時間性の有無は、労働からの解放の有無により変わってくるものであるから、在宅勤務における不活動・待機時間についても、業務指示および現実の業務遂行状況を明確にし、これを労働時間として扱うか否かが微妙な場合は、専門家の意見なども徴しながら、慎重に決定する必要がある。

（7） 疑義ある場合の処理

このように、微妙な事案に関し、雇用型テレワークガイドラインでは「テレワークの制度の導入に当たっては、いわゆる中抜け時間や部分的テレワークの移動時間の取扱いについて、上記の考え方に基づき、労働者と使用者との間でその取扱いについて合意を得ておくことが望ましい」とされている。

しかし、労働基準法上の労働時間については、労使の合意があっても、本来労働時間であるものを労働時間でないとすることはできないことには留意すべきである。合意できるのは、当該業務の内容および遂行方法についてであり、その結果として、当該時間を労働時間と取り扱わなければならないかが明確にできるのである。

それを超えて、当該時間を労働基準法上の労働時間とするか否かについて、直接の合意を労使で行なったとしても、そのような労使合意は、事実上労使間の紛争の防止には有益だが、労働時間性の有無そのものに関する行政機関や裁判所の判断を拘束できるものでない。

4．時間外・休日労働

⑴　三六協定の締結

　残業を適法に命じるためには、テレワーカーが所属する事業場において時間外・休日労働に関する三六協定を締結する必要がある。特に、働き方改革関連法による時間外上限規制の関係で、三六協定は新しい書式での届け出が必要となる。なお、この場合の締結・届け出単位である事業場については、Ⅱ章第2の2で前述したとおりである。

⑵　テレワークにおける時間外・休日労働時間の把握

　時間外・休日労働に関しては、働き方改革関連法による労働基準法の改正により、罰則付きの残業時間の上限規制が導入されるとともに、60時間超の残業割増50％の、中小企業の適用猶予が2021年に廃止されることとなっており、残業時間の正確な把握が重要性を増している。そのために使用者がとるべき措置と、テレワークでの問題は、Ⅱ章第3の3で前述したとおりである。

　テレワークの場合は、事業場外勤務であることから、時間外・休日労働時間の正確な把握も、通常勤務とは異なる状況がある。この点について雇用型テレワークガイドラインは、時間外・休日労働の労働時間管理について次のように述べている。

　「なお、労働者が時間外、深夜又は休日に業務を行った場合であっても、少なくとも、就業規則等により時間外等に業務を行う場合には事前に申告し使用者の許可を得なければならず、かつ、時間外等に業務を行った実績について事後に使用者に報告しなければならないとされている事業場において、時間外等の労働について労働者からの事前申告がなかった場合又は事前に申告されたが許可を与えなかった場合であって、かつ、労働者から事後報告がなかった場合について、次の全てに該当する場合には、当該労働者の時間外等の労働は、使用者のいかなる関与もなしに行われたものであると評価できるため、労働基準法上の労働時間に該当しないものである。

　①時間外等に労働することについて、使用者から強制されたり、義務付けられたりした事実がないこと。

②当該労働者の当日の業務量が過大である場合や期限の設定が不適切である場合等、時間外等に労働せざるを得ないような使用者からの黙示の指揮命令があったと解し得る事情がないこと。

③時間外等に当該労働者からメールが送信されていたり、時間外等に労働しなければ生み出し得ないような成果物が提出されたりしている等、時間外等に労働を行ったことが客観的に推測できるような事実がなく、使用者が時間外等の労働を知り得なかったこと。」

つまりこれだけの事情があれば、使用者の知らない間に、現実に業務が行なわれていたとしても、その時間を時間外・休日労働として取り扱うことを要しないとされているのである。これは、テレワークは事業場外勤務であり、労働時間管理について、その把握に困難な場合があることを踏まえて、注意的に記載されたものと考えられる。

ただし、同ガイドラインでは、このような事前許可制および事後報告制が実態にもとづかないなどの不合理な理由による場合は、労働時間からの除外を認めないものとして、次のように述べている。

「上記の事業場における事前許可制及び事後報告制については、以下の点をいずれも満たしていなければならない。

①労働者からの事前の申告に上限時間が設けられていたり、労働者が実績どおりに申告しないよう使用者から働きかけや圧力があったりする等、当該事業場における事前許可制が実態を反映していないと解し得る事情がないこと。

②時間外等に業務を行った実績について、当該労働者からの事後の報告に上限時間が設けられていたり、労働者が実績どおりに報告しないように使用者から働きかけや圧力があったりする等、当該事業場における事後報告制が実態を反映していないと解し得る事情がないこと。」

これらは、使用者側が時間外・休日勤務の報告を抑制しようとする場合であり、このような場合は、その除外を認めないことを注意的に記載しているにすぎない。したがって、以上の取り扱いはいずれも正当なものであり、罰

則付きの上限規制があることを踏まえ、残業時間把握には慎重を期したい。

(3) 長時間労働対策

❶長時間労働誘発のおそれ

雇用型テレワークガイドラインでは、テレワークは、業務の効率化にともない、時間外労働の削減につなげられるメリットが期待される一方で、労働者が使用者と離れた場所で勤務をするため、相対的に使用者の管理の程度が弱くなり、長時間労働を招くおそれがあることが指摘されている。すなわち、テレワークにおける労働時間管理にあたっては、単に労働時間を管理するだけでなく、長時間労働による健康障害発生を防止することが求められているのである。

❷長時間労働対策

その具体例として、雇用型テレワークガイドラインでは次のような方策が勧奨されている。

・メール送付の抑制…テレワークにおいて長時間労働が生じる要因として、時間外、休日または深夜に業務に係る指示や報告がメール送付されることがあげられる。そのため、役職者等に対して、時間外、休日または深夜のメール送付の自粛を命ずること等が有効

・システムへのアクセス制限…テレワークの際は、企業等の社内システムに外部のパソコン等からアクセスする形態をとる場合が多いので、深夜・休日はアクセスできないよう設定することは長時間労働防止に有効

・テレワーク時の時間外・休日・深夜労働の原則禁止等…業務の効率化やワークライフバランスの実現の観点からテレワークの制度を導入する場合、その趣旨を踏まえ、時間外・休日・深夜労働を原則禁止とすることも有効。この場合、テレワークを行なう労働者にテレワークの趣旨を十分理解させるとともに、テレワーク時の時間外・休日・深夜労働の原則禁止や使用者等による許可制とすること等を、就業規則等に明記しておくこと、あるいは時間外・休日労働に関する三六協定の締結の仕方を工夫することが有効

・長時間労働等を行なう労働者への注意喚起…テレワークにより長時間労働が生じるおそれのある労働者や、休日・深夜労働が生じた労働者に対して、注意喚起を行なうことが有効

　具体的には、管理者が労働時間の記録を踏まえて行なう方法や、労務管理のシステムを活用して対象者に自動で警告を表示するような方法がある。

　ガイドラインに記載されたこれらの方法を参考とすべきことはいうまでもないが、もっとも肝要なのは、業務負担が過重とならないよう業務遂行方法、業務分担を見直すことであり、これはテレワークの導入にあたって、当然に検討されるべき事項である。

(4)　兼業・副業により生じる時間外労働

　働き方改革において、兼業・副業を許容すべきとされているが、その結果として、時間外・休日労働が発生した場合は、法定労働時間を超えて使用する使用者が割増手当の支払い義務を負うことになる。

　したがって、原則として当該労働者が他の事業場で労働していることを契約の締結にあたって確認すべきなのは、「通算すると法定労働時間を超えることとなる所定労働時間を定めた労働契約」を、時間的にあとから締結する使用者であり、その使用者が割増手当の支払い義務を負うとされている（「副業・兼業の促進に関するガイドライン」Q&A）。

　以上はテレワークに特有の問題ということではないが、事業場外での勤務実態が把握しがたいテレワークの性格上、兼業・副業による時間外労働の有無およびその取り扱いを従業員に十分説明するとともに、兼業・副業を認める場合は、その報告の義務を徹底することが必要である。

第4　賃金に関する法規制

　テレワークの本質は「情報通信技術を利用した事業場外勤務」であり、雇用型テレワークの場合、労働時間規制の適用においては、通常勤務と本質的な違いはない。ただし、以上にみてきたとおり、勤務場所が多様化、柔軟化

した結果、労働時間に実際的かつ副次的な柔軟性が生じ、労働関係法規の適用に特段の配慮が必要となる点が多々ある。

　一方、賃金に関しては、通常勤務と比較して、テレワークであることを理由に実際的または副次的な影響があるとはいいがたい。ただし、働き方改革の柱のひとつである同一労働同一賃金とのかねあいでは、短時間労働者・有期雇用労働者および派遣労働者について、職務内容、職務内容・配置の変更範囲を考慮し、正規労働者との均等・均衡待遇が義務化されている点に注意が必要である。すなわち、それらの正規社員または非正規社員のいずれか一方がテレワーカーである場合等に、そのことを職務内容の違いとすることができるか否かなど、その取り扱いの問題が生じうる。

　しかし均等・均衡待遇の個別具体的な事案における適用が十分に確立されていない現在の状況では、上記について一般的に議論することは困難であり、ここでは立ち入らない。この点については、将来的にこの問題の判例が積み重なり、それらの内容が明確になった時点で、あらためて議論を行ないたい。

　ただ、均等・均衡待遇は両者間のバランスの問題であるので、間接事実の積み上げによって認定・判断を行なうとしても、これが司法的判断になじむものかどうかは疑問も残るところである。

第5　安全衛生・労働災害

1．労働安全衛生法の適用

　労働安全衛生法は事業場単位に適用され、事業場外労働における就労場所および労働者の健康の管理の責任は雇用者の所属事業場にある。

(1)　安全衛生関係法令の適用

　雇用型テレワークガイドラインで掲げられている労働安全衛生法上の健康確保措置は以下のとおりである。

・必要な健康診断とその結果等を受けた措置（労働安全衛生法66条から66
　条の7まで）

・長時間労働者に対する医師による面接指導とその結果等を受けた措置（同法66条の8および66条の9）および面接指導の適切な実施のための時間外・休日労働時間の算定と産業医への情報提供（労働安全衛生規則（昭和47年労働省令第32号）52条の2）

・ストレスチェックとその結果等を受けた措置（労働安全衛生法66条の10）等の実施

同ガイドラインでは、これらにより、テレワークを行なう労働者の健康確保をはかることが重要であるとされている。

また、事業者は、事業場におけるメンタルヘルス対策に関する計画である「心の健康づくり計画」を策定することとされており（労働者の心の健康の保持増進のための指針（平成18年公示第3号））、同計画において、テレワークを行なう労働者に対するメンタルヘルス対策を衛生委員会等で調査審議のうえ記載し、これにもとづきメンタルヘルス対策に取り組むことが望ましいとされている。

加えて、労働者を雇い入れたとき、または労働者の作業内容を変更したときは、必要な安全衛生教育を行なう等、関係法令を遵守する必要がある（労働安全衛生法59条1項および2項）ことが指摘されている。

(2) 自宅等でテレワークを行なう際の作業環境整備

雇用型テレワークガイドラインでは、テレワークを行なう作業場が、自宅等の事業者が業務のために提供している作業場以外である場合には、事務所衛生基準規則（昭和47年労働省令第43号）、労働安全衛生規則および「情報機器作業における労働衛生管理のためのガイドライン」（令和元年7月12日基発0712第3号）の衛生基準と同等の作業環境となるよう、テレワークを行なう労働者に助言等することが望ましいとされている。

そして、事務所衛生基準規則（昭和47年労働省令第43号）では、

・事業者が労働者を常時就業させている室の気積、換気、温度の基準、空気調和設備等による調整、換気設備の設置、作業環境測定等の実施および測定方法、設備の点検、照度等、騒音および振動の防止、騒音伝ぱの

防止（第2章「事務室の環境管理」）

・給水、排水、清掃等の実施、労働者の清潔保持義務、便所、洗面設備等（第3章「清潔」）

・休憩の設備、睡眠または仮眠の設備、休養室等、立業のためのいす（第4章「休養」）

・救急用具の常備（第5章「救急用具」）

が定められている。

しかしながら、テレワーカー各自の住環境において、このような基準の確認は容易ではない。また、就業環境を改善するための費用をどのように賄うのかの問題もある。

国は、テレワークを推進する立場であり、その政策として、住宅問題にも並行して取り組むことが必要と考えられるが、企業としても、テレワークでの生産性を高めるために、在宅勤務などの場合に、就業環境を整えるための費用関係の補助等を考慮することが考えられる。

一方で現実の就業環境のチェックなどは、それが生活場所であることから、プライバシーとの関係もとりざたされうるところであり、在宅勤務制度を取り入れる場合は、この点での報告義務や、就業環境の整備義務などにもしかるべき定めをおくことが必要となる。

(3) 情報機器作業における労働衛生管理のためのガイドライン

これまでは、「VDT作業における労働衛生管理のためのガイドライン」（平成14年4月5日基発第0405001号）により、VDT作業（ディスプレイ、キーボードなどにより構成されるVDT（Visual Display Terminals）機器を使用して、データの入力・検索・照合等、文章・画像等の作成・編集・修正等、プログラミング、監視などを行なう作業）を対象に、

・作業者の疲労等を軽減し、支障なく作業ができるよう、「照明及び採光、グレアの防止、騒音の低減措置」等の基準の定め

・心身の負担が少なく作業ができるよう、「一日の作業時間、一連続作業時間及び作業休止時間」「VDT機器の選定、調整等」等の基準の定め

・「健康管理や労働衛生教育の促進」の定め

がおかれ、このような環境の維持について、報告義務・整備義務、必要な補助などの検討が必要であるとされていた。

しかし平成14（2002）年にVDTガイドラインが策定されて以降、ハードウエアおよびソフトウエア双方の技術革新により、職場におけるIT化はますます進行し、VDT機器のみならずタブレット、スマートフォンなどの携帯用情報機器を含めた情報機器が急速に普及し、これらを使用して情報機器作業を行なう労働者の作業形態はより多様化した。その結果、

①情報機器作業従事者の増大

②高齢労働者も含めた幅広い年齢層での情報機器作業の拡大

③携帯情報端末の多様化と機能の向上

④タッチパネルの普及等、入力機器の多様化

⑤装着型端末（ウエアラブルデバイス）の普及

などの変化が起こっているとされ、それに応じて、上記のVDTガイドラインは廃止し、前記の「情報機器作業における労働衛生管理のためのガイドライン」（令和元年７月12日基発0712第３号）が定められた。

情報機器ガイドラインでは、①②の変化による、労働衛生管理の必要性のさらなる拡大の必要性を踏まえ、③ないし⑤の変化に対応して、従来の作業区分を見直し、「作業時間または作業内容に相当程度拘束性があると考えられるもの」と「それ以外のもの」との２つのみの区分として、それぞれに応じた労働衛生管理の進め方を定めている。

また、事務所以外の場所において行なわれる情報機器作業、自営型テレワーカーが自宅等において行なう情報機器作業および情報機器作業に類似する作業についても、できる限りガイドラインに準じて労働衛生管理を行なうよう指導することが望ましいとされ、さらに心の健康についても必要な措置を講じるべきとしている。

上記に関しては、ガイドラインである以上、法的な拘束力を有するものではないが、これにもとづいて事業場に対する行政指導が行なわれるほか、労

災などの発生の場合には、ガイドラインの基準を遵守していなければ安全配慮義務（労働契約法5条）違反が成立し、民事上の賠償責任義務が発生することとなりかねない点に留意をするべきである。

　何より、労働者の健康の確保は、企業の競争力の源泉でもあり、使用者としては、行政・法律上の要請に応じて行なう配慮ではなく、ビジネスの視点から積極的な配慮が必要とされるところである。

2．労働災害、職業病の扱い

　労働基準法、労働安全衛生法の適用がある雇用型テレワーカーの場合は、長時間労働によるうつ病などの職業病や労働災害に関しても、通常の労働者と同様、使用者が補償責任を負い、またそれらは労災保険の適用対象となる。

　労働災害については、厚生労働省の「テレワーク導入のための労務管理等Q&A集」に在宅勤務における労働災害の事例が記されており、「自宅で所定労働時間にパソコン業務を行っていたが、トイレに行くため作業場所を離席した後、作業場所に戻り、椅子に座ろうとして転倒した事案。これは、業務行為に付随する行為に起因して災害が発生しており、私的行為によるものとも認められないため、業務災害と認められる」とされている。

　もちろん立証の問題などが残るが、理論的には、在宅勤務での事故も労働災害となる場合がありうる。

3．通勤災害の扱い

　テレワークは、事業場外労働であるため、通常の労働者（オフィスに通勤する労働者）とは通勤の概念に違いが生じうる。そのため、テレワーカーの通勤災害における「通勤」の取り扱いをあらためて検討しておく必要がある。

　通勤災害とは、労働者が通勤により被った負傷、疾病、障害または死亡をいい、この場合の「通勤」とは、

　「就業に関し、

　　・住居と就業の場所との間の往復

・就業の場所から他の就業の場所への移動

・住居と就業の場所との間の往復に先行し、または後続する住居間の移動（転任にともない配偶者等の居住する以前の住居との間の移動等）

を合理的な経路および方法により行なう、業務の性質を有するものを除くもの」とされている。

したがって、「在宅勤務→サテライトオフィス勤務→オフィス勤務→帰宅の移動」の場合は、それぞれの移動が、上記の最初の2項目に該当することから、原則として通勤災害の対象となる通勤とみなされる。

上記にある「業務の性質を有するものを除く」とは、業務の性質を有する移動は業務上災害となるからであり、前述の出社命令や、サテライトオフィス間の移動命令などにもとづき移動を行なっている場合には、その間の災害は、原則として労働災害に該当すると考えられる。また、そのような指示にもとづく移動でない場合であっても、移動途中のモバイル勤務による業務遂行中に事故にあったときなどに業務上の災害となるかは、当該具体的な状況によりケースバイケースで判断されることになる。

また、移動の経路を逸脱し、または移動を中断した場合には、①逸脱または②中断の間、および③その後の移動は、「通勤」ではないとされる。ただし、逸脱または中断が日常生活上必要な行為であって、厚生労働省令で定めるやむをえない事由により行なう最小限度のものである場合は、逸脱または中断の間を除き「通勤」となるとされている。

具体的に省令に定められているものは、次のとおり。

・日用品の購入その他これに準ずる行為

・職業能力開発促進法に規定する公共職業能力開発施設において行なわれる職業訓練、学校教育法に規定する学校において行なわれる教育、その他これらに準ずる教育訓練であって職業能力の開発に資するものを受ける行為

・選挙権の行使その他これに準ずる行為

・病院または診療所において、診察または治療を受けること、その他これ

に準ずる行為

なお、喫茶店などに立ち寄り、モバイル勤務を行なった場合は、上記のいずれにも該当しないため、それが逸脱または中断となるのか、それとも「就業の場所から他の就業の場所への移動」に該当するかは、ケースバイケースで定められるものと考えられる。たとえば、モバイル勤務を行なうために喫茶店などに向かっている途中での災害や事故であれば、これは原則として通勤災害になるであろう。

4．ハラスメントがもたらすリスクへの対応

ハラスメント問題は、部分的なテレワーク勤務であっても、フルタイムのテレワーク勤務であっても、コミュニケーションを密にとれる体制を整備することが多いため、電話やICTシステムを通じるなどして、通常勤務の場合と同様に生じうる。逆にいえば、感情的な問題（さらにはメンタル疾患）の場合、場所的な隔絶はそれほど意味をもたない。

したがって、事実関係の把握や、ハラスメント対応などは、テレワーク制度の特殊な問題という側面は小さく、ハラスメント一般の議論とほぼ同じとなるため、ここでは特別に取り上げることはしない。

第6　テレワーク関連訴訟の管轄等

テレワークは事業場外勤務であり、また通勤可能圏の範囲内での勤務とは限らないことから、通常勤務の場合とは異なる訴訟管轄が問題となることがある。

1．普通裁判籍を判断する場合の原則

テレワーク関連訴訟に限らず、民事一般の訴訟管轄として原則となるのは、被告の住所地（普通裁判籍）である（民事訴訟法4条1項）。したがって、テレワーカーが使用者を訴える場合は使用者の住所地を、使用者がテレワー

カーを訴える場合はテレワーカーの住所地を、それぞれ管轄する裁判所に対して訴えを起こすべきこととなる。

　被告が会社の場合には、普通裁判籍は、その主たる事務所または営業所とされ、事務所または営業所がないときは、代表者その他主たる業務担当者の住所とされている（同条４項）。また、被告に主たる事務所・営業所以外にも事務所・営業所がある場合、特にその事務所・営業所における業務に関する訴えについては、その事務所・営業所の所在地が特別裁判籍となる（民事訴訟法５条５号）ので、テレワークに関する紛争では、テレワークを行なっている場所を事務所・営業所として、その場所を管轄する裁判所に訴訟を起こせるかが問題となりうる。

　しかし、Ⅱ章第２の２で述べたとおり、モバイル勤務はいうまでもなく、在宅勤務であっても、勤務をしている自宅等を事務所または営業所とみなすことはできないと考えられるため、下記の事情がない限り、ここに管轄を認めることはむずかしい。サテライトオフィスも、その実態により事務所もしくは営業所に該当するかが判断されるものと考えられるが、サテライトオフィスであることを理由として、そこに管轄があると考えるのはむずかしいであろう。

2. 賃金支払い債務の義務履行地

　賃金支払い請求等の財産権上の訴えは、義務履行地でも訴訟管轄が認められる（民事訴訟法５条１号）こととの関係で、賃金の支払い場所（賃金支払い債務の義務履行地）がどこかが問題となる。

　賃金支払い場所は、労働者が労務を提供する場所であるとするのが、その合理的意思に沿うものと考えられるため、通常勤務であれば、所属事業所となる。これは、テレワーク勤務でも同様と考えられるので、フルタイムでのサテライトオフィス勤務や在宅勤務の場合は、その就業場所とされる余地がある。そのため、使用者側から考えた場合、在宅勤務が遠方で行なわれている事案では、事業所から遠く離れた地の裁判所に管轄があるとして提訴され、それに応訴しなければならなくなることもありうる点に注意を要する。

3. 安全配慮義務違反や不法行為損害賠償請求

ハラスメントや長時間労働を理由とする労災などについて、雇用契約に付随する安全配慮義務の違反を理由とする訴訟は、通常勤務の場合、義務履行地として労務提供場所に管轄がある。そのため、実態にもよるが、サテライトオフィス勤務や在宅勤務でも、それらの就業場所が義務履行地とされる可能性がある。これに対してモバイル勤務は、事実上頻繁に利用されているカフェなどがあったとしても、その場所を義務履行地として管轄があるとすることはむずかしく、義務履行地としては、使用者の普通裁判籍所在地に管轄があるとされるものと考えられる。

次に、それらの請求を不法行為を根拠として行なうのであれば、不法行為が行なわれた場所に管轄があるとされるため、在宅勤務やサテライトオフィス勤務では、それらの就業場所に管轄があるとされる場合がある。モバイル勤務も、特定のカフェなどがハラスメントなどの不法行為地であると認められるのであれば、その場所を管轄する裁判所にも訴訟管轄がある可能性がある。また、不法行為による損害賠償の義務履行地は、債権者である被害者の住所地と考えられるので、その観点からは、テレワーカーの住所地に管轄があるとされると考えられる。

これらに関しては、上述のとおり通常勤務の場合、従業員の住所地や勤務場所は通勤可能圏にあるので問題とはなりがたいが、テレワークでは、それらがきわめて遠方の可能性もあるため、問題となることがありうる。

4. 国際裁判管轄

テレワークの業務が海外で行なわれているケースはきわめて例外的と考えられるが、雇用型・自営型のテレワーカーが海外で勤務しているなら、テレワークに関する訴訟が海外で提起される可能性がある。これに対して、逆に外国企業の社員に関する訴訟について、日本国内にも管轄があるか否かは、日本国民事訴訟法の規定によることとなるが、同様に、当該テレワーカーが勤務する海外現地の裁判所に管轄があるか否かは、当該テレワーカー勤務地

の国の、管轄に関する法律の定めにより決まることとなる。

　オフィス勤務をしていた社員に在宅勤務を認める場合であれば、通常は勤務場所の確認をすると考えられるので、このような事態は考えがたいが、雇用型・自営型のテレワークの進展によっては、テレワークに関する契約の締結自体が情報通信機器を通じて行なわれるなど、契約時点で、契約者の居住地を確認しない場合も生じうる。すると、同じ会社で、同種の業務に在宅で従事する日本人テレワーカーの居住地が、日本国内ではなく海外にあり、日本国内の労働・雇用問題と思っていたものが、海外で訴訟提起され訴訟手続きが海外で進行する事態も生じうる。[*13] そのような事態は、一般的には予想しがたいが、自営型を含むテレワーカーの活用が拡大した場合には、海外で訴訟が提起される事態が起こりうることに留意すべきであろう。

　たとえばインドやベトナムにある企業にソフトウエア開発の業務委託をしている事例を考えてみると、その開発業務に関する紛争が発生した場合に、開発地であるインド等に裁判管轄があるとされることには一般に違和感はないだろう。そして、ソフトウエア開発契約等では、訴訟管轄についてそのようなリスクを踏まえた対応がされているものと考えられる。これと同様に、海外で就労するテレワーカーを使用する場合は、海外において訴えられるリスクについても、考えておかねばならないということである。

5．管轄に関する合意の有効性

　このような問題を予測して、事前に管轄については、日本国の裁判所に専属管轄があるものと合意しておくことも考えられる。しかし、民事訴訟法3条の7第6項2号によれば、個別労働関係民事紛争に関して、管轄に関する事前の合意を行なっても、使用者がそれを主張できるのは、労務の提供のある国の裁判所に訴えを提起することができるとの合意を労働契約の終了時に

---

*13　これとは逆になるが、民事訴訟法3条の4第2項では、労働関係に関する紛争について「労務の提供の地（その地が定まっていない場合にあっては、労働者を雇い入れた事業所の所在地）が日本国内にあるときは、日本の裁判所に提起することができる」とされており、使用者が海外にいる場合であっても、日本国内で法的手続きを進めることができるとされている。

行なった場合に限られるものとされている。

したがって、テレワーク勤務が外国で行なわれている場合には、これについての紛争の裁判管轄を日本国内に定めても、これを使用者側から援用することはできないことになる。これに対して労働者側は、合意による管轄があれば、それに従って訴えを提起でき、または使用者が合意とは異なる場所で訴えを提起した場合に、労働者がこれを争って、管轄の合意の効力を主張することができるものとされている。したがって、管轄の合意をすることのメリットは、労働者側にのみ認められているということができる。

なお、このような特別な取り扱いは、労働契約についてのものであるため、テレワークが自営型であると適用されない。したがって、ここでも、当該テレワークが自営型か雇用型かの区別が重要になる。

6. 準拠法

テレワークが国外で行なわれる可能性があることに鑑み、その準拠法についても検討する必要がある。

まず、準拠法は当事者間で合意により選択することができる（「法の適用に関する通則法」7条）とされるので、テレワークが海外で行なわれる場合には、契約に準拠法の定めをおくことが、検討されるべきである。しかし、この選択がない場合には、「当該法律行為の当時において当該法律行為に最も密接な関係がある地の法による」（同法8条1項）ものとされる。ここでいう「最も密接な関係がある地の法」とは、「法律行為において特徴的な給付を当事者の一方のみが行うものであるときは、その給付を行う当事者の常居所地法（その当事者が当該法律行為に関係する事業所を有する場合にあっては当該事業所の所在地の法、その当事者が当該法律行為に関係する二以上の事業所で法を異にする地に所在するものを有する場合にあってはその主たる事業所の所在地の法）」であり（同法8条2項）、テレワークが国外で行なわれる場合は、テレワークが行なわれる国の法律が準拠法になると考えられる。

なお、同法12条には「労働契約の特例」があり、テレワークが雇用型であ

る場合、この特例の適用を受ける。したがって、テレワークによる労務が国外で提供されている場合、労働契約の成立および効力について、当事者間の労働契約で合意を行なっていない限り、労務を提供すべき地の法（その労務を提供すべき地を特定することができない場合にあっては、当該労働者を雇い入れた事業所の所在地の法）を当該労働契約に最も密接な関係がある地の法と推定して、その契約の準拠法とすることとなる（同法12条3項）。

　しかし上述のとおり、通常はテレワークが行なわれる国の法律が適用されるので、この特例は確認的な意味しかないと考えられる。大きな違いがあるのは、労働契約の準拠法についての合意の効力に関する規定である。労働契約に関して準拠法を合意した場合、「労働者が当該労働契約に最も密接な関係がある地の法中の特定の強行規定を適用すべき旨の意思を使用者に対し表示したときは、当該労働契約の成立及び効力に関しその強行規定の定める事項については、その強行規定をも適用する」（同法12条1項）とされている。通常、日本法は労働者に対する保護が厚いと考えられ、特に外資系企業にあっては、使用者が日本法の適用の排除を試みることが多いものの、強行法規については、これが認められない場合が多い。

　労務の提供場所が外国であるテレワーク勤務では逆に、テレワーク業務を行なう国の雇用保障は、日本よりも薄い場合が多いと考えられる一方で、きわめて雇用保障の厚い制度の国もある。ベトナムなどが該当するといわれているが、事業者側から考えると、テレワーク勤務が国際的にも拡大した場合には、準拠法を日本法とし、管轄を日本の裁判所としても、労働者がテレワーク勤務地の強行法規の適用を求める場合には、そのような、なじみのない法律を準拠法とした紛争が生じるリスクがあることになる。

　このように、準拠法も当該テレワークが雇用型か自営型かで大きな違いが生まれる点に注意をすべきである。したがって、テレワーカーが海外で就労する場合の契約関係については、当該テレワークが雇用型か自営型かも踏まえ管轄や準拠法の取り扱いに関しても十分に注意をし、必要に応じて、専門家の助言を受けるなどすることが望ましい。

Ⅲ章　テレワーク制度導入の実務的留意点

　ここまで、テレワークの定義や内容に関する基本的事項、法規制などを整理してきたが、以下ではそれらを踏まえて、制度導入の実務的な留意点をみていくこととする。

第1　先行事例検討の限界と導入までの試行錯誤

　各種テレワーク制度の導入、活用の好事例については、厚生労働省でもテレワークモデル実証事業として発表しており、また具体例を紹介する書籍も多数、出版されている。しかしこれらは、異なる規模、異なる業種、異なる人間関係のなかでの事例であり、導入を考える企業にそのまま当てはめることはできない。検討を進めるにあたっては先例などを参考に、自社に導入した場合を想定する以外にない。

　もちろん、現実に導入していくにあたっては、アドバイザーや実施会社の担当者などから助言を受けることもできるが、外部アドバイザーは、社内の実情に完全に通じているわけではないため、それはひとつの助言でしかないことを念頭に、自社に適した仕組みを主体的に検討することが必要である。

　またテレワーク制度の導入の過程には、これまでみたとおり、さまざまな考慮要素があるだけでなく、結局のところ働く人間の問題であるため、現実に導入してみなければ、効果が上がるか否かがわからない面もある。その意味で、テレワーク導入は試行錯誤的なやり方をとらざるをえず、トライアルによる導入を経て、段階を追って範囲を広げ、その都度問題点を洗い出しながら進展させていかざるをえない。

第2　テレワーク導入の目的および内容の検討

　テレワーク制度を導入しようと検討を始めるにあたり、考えなければならないポイントは3つある。1つ目は、何のためにテレワークを導入するのか（導入の目的）、2つ目は、その目的の達成のためにどのような形態のテレワーク制度を導入するのか（制度の内容）、3つ目は、そのような制度をどのように導入するのか（導入の手順）である。これらは、密接に関連し合っており、相互に影響するため、それぞれ独立に検討することは困難であるが、同時並行的に検討しつつも、3つの視点を常に意識し、議論が混乱しないように十分に注意しなければならない。まずは、導入目的から検討を始める。

1．テレワークを導入する目的の確定

　テレワークを導入するためには、まずテレワークを導入することにより何を達成しようとするか、その目的を明確にする必要がある。テレワークの形態はきわめて多様であり、また導入の形式やその適用の範囲もさまざまであるため、目的が明確になっていなければ、導入すべき制度で対象とする業務の範囲、人数規模や日数・時間、導入スピード等々を見極める基準が曖昧となってしまい、導入のコスト負担の当否判断もつきにくくなる。

　したがって、導入目的の検討・確定は、テレワーク制度導入検討の最初の段階に行なわれるべきものである（もちろん一定のテレワーク制度導入のあとも、その効果などを検証したうえで、導入内容の変更や導入範囲の拡大などを考えるべきであり、そこでは、めざす目的をあらためて明確にすることになるので、導入目的の検討は当初だけのものではない。しかし、最初の段階での目的の明確化が導入の成否にかかわってくる）。

　導入目的を決めることは、単純な作業ではない。導入の目的こそが、制度の内容や投ずべき導入コストと密接に関連し、それらを踏まえた検討は、抽象的な理想論ではなく、企業の総合的な判断を必要とするものだからである。

　導入の目的を明確にするにあたっては、テレワーク制度導入により達成を

めざす多様なメリットのなかで、何を優先するかを決める必要があるが、多数の目的を一度に達成しようとするなら、そのハードルは当然ながら上がることになる。最悪の場合、そのいずれの効果も得られず、生産性の低下やコストの増加などの弊害のみが生じかねない。

　たとえば、育児・介護への対処を最優先に考えるなら、その必要性の高い社員に優先的にテレワーク制度を導入・適用し、また、テレワーク制度導入によるコストや他の社員へのしわ寄せ等をある程度、許容することを検討しなければならなくなる。これに対して、事業継続性の向上を最優先とするなら、できるだけ多くの従業員がテレワーク制度を利用できるようにする必要があり、常時、制度を運用していなくても、定期的に短期間利用できるような形で制度を構築することで足りる場合もありうる。また生産性の向上を中心に考えるなら、業務フローを見直し、資料の電子化などを進め、社内におけるフリーアドレス制の導入、電子会議システムの導入などと並行して進めるべきこととなる。

　そして、これらの目的に応じた人事評価システムの見直しなども必要となり、それに応じて導入コストも変わりうる。人事評価について一例をあげると、育児・介護の必要性に対応するものでは、テレワークを育児・介護を優先させた形で導入したことで生じる業務効率の低下による不利益をそのまま評価に反映させないなどの配慮をすることが考えられる。逆に、生産性の向上をめざしてテレワークを導入するのであれば、それに合わせて、より成果に見合った評価制度とすることが考えられる。また、セキュリティに関しては、育児・介護の必要性に対応するための、例外的な取り扱いとしてのテレワークの導入の場合は、その対象従業員が担当する個別の業務に関して必要となるセキュリティシステムの対策だけで足りるが、ある部門の業務効率の向上のためにテレワークの導入が当該部門全体に及ぶ場合には、必要となるセキュリティ対策のコストも増大する、などである。

　このように、導入目的と導入のコストや手間、困難の度合いは相互に関連するものであり、テレワーク制度導入により、複数の目的を一時に達成しよ

うとすれば、そのコストや導入のむずかしさは格段に高まり、結局、いずれも達成できないというリスクを生じさせることにもなりかねない。

　導入目的の明確化・絞り込みのためには、想定される導入メリットを前広に検討したうえで、明確化・絞り込みを行なうことが考えられる。一般に、テレワーク制度のメリットについては、いろいろなことが並列的に述べられており、テレワーク制度が導入されれば、そのすべてが達成されるかのような印象を受けるが、現実的にはすべてを満たすことは困難であるから、その目標の絞り込みが重要となるのである。しかし、かといって、目的をひとつに絞り込むことにも無理があると思われるので、いくつかの目標のなかで優先順位をつけることが現実的であろう。

2. テレワーク導入のメリット

　テレワーク導入の一般的な効果、すなわち企業、就労者および社会全体それぞれの見地を踏まえたメリット・デメリットは、1章第6で前述したとおりだが、ここでは、導入目的を確定させるという観点から、事業者の視点で導入のメリットを分析、検討、整理する。

❶生産性の向上

　テレワークは就労の場所や時間を柔軟化するものであり、それにより業務生産性の向上が期待される。そこでは個々の従業員の生産性向上にとどまらず、テレワークを可能にするICT（情報通信技術）の積極的活用を通じて業務を効率的に行なうことにより、オフィスワーク全体の生産性向上が期待できる。これには次のような副次的な効果も見込まれる。

　①従業員の意識改革

　テレワークの導入により、業務の本質をあらためて意識するようになることが期待できる。「オフィスにくること＝仕事」ではなく、時間や場所にかかわりなく、「業務」を遂行するよう考え方を転換することが期待される。

　②人材不足対策

　テレワークの導入により、現状の業務効率の向上のほか、現在勤務してい

る社員の育児・介護・疾病などを理由とする離職の防止や、テレワーク導入による企業のイメージアップがもたらす新卒採用の効果などが期待される。

❷コストの削減

テレワーク導入は生産性の向上をめざすものだが、同時に、テレワークを導入するために業務を見直し、また業務の目的を明確化することにより、残業時間を減少させること、柔軟な働き方への転換によりオフィスコストや交通費を削減することなども期待できる。

❸事業継続性の向上

普段から、出社を必要としない形での業務遂行を可能にしておくことにより、自然災害時など、出社が困難な場合に、自宅その他の場所で業務を継続できる体制を整えることが可能となる。

❹国際化への対応

時間や場所にとらわれない働き方の延長として、海外勤務者との連携向上も期待できる。それは、国外においても国内と同じように業務を遂行することにもつながる。

3. テレワークの形態の選択

各企業の規模や事業内容、人員体制、当面の課題等々を踏まえて、さらに具体的にテレワーク制度導入の目的を絞り込み、明確にすることも、どのような制度を構築するのかを検討する前提として不可欠なものである。また、実務的には、テレワーク制度導入の目的と構築する制度の内容とは相互に関係するものであるため、次段階として、その両方を同時に検討することにより、導入目的をさらに現状に適したものとすべきである。

テレワークの形態・内容、人数規模や日数・時間、導入スピード、そしてそのコストを明らかにすることで、想定する目的が、どの程度の負担で実現可能かを見込むことができる。期待されるメリットと予想されるコストとの関係で、導入の方法やめざすべき目的の具体的内容などを適宜修正することが可能となるのである。

ただし、このような導入の目的および内容と、導入方法の相互の関係を一般的に議論することは困難である。なぜなら、事務部門の希望者が一定の条件下で週の何日間かをフルタイムで在宅勤務する例を考えても、想定される利用対象者が数千人に及ぶ大企業と、数人にすぎない中小企業とでは、必要とされる制度の整備内容やセキュリティ対策などがまったく異なると予想され、それにより期待されるメリットやコストにも大きな差が生じる。

　同様に、一口にテレワークといっても、製造業かサービス業か、製造業のなかでも、自動設備により機械部品を製造している企業か、人力により手作業で、たとえばワイヤーハーネス等を製造する労働集約型の企業かで、まったく状態が異なるであろう。サービス業でも、清掃業とコンサルティング業とでは、まったく状態が異なる。

　そのため、このような内容の多様性に重きをおかず、「テレワーク」の導入目的、内容、導入プロセスを、一般論的に議論することに意味はない。そこで企業の業種・規模を踏まえた具体的方策について検討を進めることとなるが、ここで参考となるのは、他社での導入に関する具体的な情報の検討である。具体的な導入事例は、一般社団法人日本テレワーク協会等から大企業から中小企業まで、また大都会に所在する企業から、地方に所在する企業まで、業種もさまざまに紹介されているので、それらを参考にしたうえで、自社の状況を踏まえ、どのような目的で、どのような形でのテレワークの導入を、どの程度のスピードで進めるのかを検討することになる。

　そして、無限のバリエーションがあるテレワーク制度の内容を比較し、導入目的として自社は何を重視するのか、導入方法やスピードを考慮しながら、テレワークの内容自体を同時並行で検討し、その結果を踏まえて再度、導入目的を見すという作業を繰り返すのである。このように、いわゆるPDCAサイクルを適切に回しながら、慎重に導入を進める必要がある。

4. テレワーク導入の弊害

　テレワーク制度の多様な実態を踏まえて、自社ではどのような効果をめざ

すのか、そして、どのようなテレワークを導入するのかの検討を進める一方で、テレワーク導入により、どのような弊害が生じうるかも考察し、発生するおそれがある弊害を最小限に抑えるには、どのような導入内容とすべきかも考慮しなければならない。弊害については、導入目的を決定する段階ではなく、どのようなテレワークを導入するのかとの関係で検討されるべきである。

テレワークの導入により生じうる弊害を事業活動の面から分析、検討、整理すると、次の諸点があげられる。

❶セキュリティリスク

働き方の柔軟性を高めれば高めるほど、ICT機器の利用、資料やデータの持ち出し、その外部での利用頻度等々が増大し、セキュリティリスクが不可避的に高まる。これはテレワークに限った問題ではない。いまやICT技術の発達にともない、顧客情報の大量流出などで企業の存続自体が危ぶまれる事態が生じかねない時代である。そのようななか、テレワークの導入がセキュリティのリスクを高めることは避けられない。

したがって、これに対する十分な対策および投資が必要である。

❷労働生産性の低下リスク

テレワークを導入し、新しい業務遂行方法を採用することは、余分な手間の増大、コミュニケーションの減少、従業員の孤立化など、効果とは表裏の関係にある、労働生産性を低下させかねない事態を招くおそれもある。

人間には感情があり、特にモチベーションの低下による業務効率の悪化は看過できない。この点を見落としたまま、形式的にテレワークを導入すると、労働生産性の低下が起こりうる。したがって、テレワークの導入と並行して、参加者・周囲の動機づけによる、やる気の維持・向上などへの配慮も必要である。

また、テレワークにより人間関係が疎遠になると、職場の一体感が低下するなどの問題も生じる。一方でこれらについては、ICT機器の適切な運用、従業員の教育などにより、通常のオフィスワーク以上に、より緊密な連携がとれるようになったとする事例もあることから、リスクを踏まえつつ、労働生産性の向上をはかることにつなげられる導入方法を検討することが肝要と

なる。

❸コスト増大のリスク

セキュリティリスク対応および高度なコミュニケーションの維持も踏まえ、テレワークによる働き方を効率的に進めるためには、情報通信機器の整備やセキュリティ対策などで追加のコストが必要となる。これらに対応するためには、単に機器を購入する費用だけでなく、その対応にあたる人件費が増加することや導入当初の試行錯誤によるロスなども考慮しなければならない。

また、テレワーク導入自体、それまでの働き方を変革するものであるから、それ自体に相応の労力と人件費等のコストを必要とする。したがって、導入のメリットがこれを上回るものとなるよう計画することが必要であるが、導入メリットについては、その後の（さらなる変革のために無制限に長いものとはなりえないが）一定期間にわたる効果があることを踏まえ、それとのバランスを考えながら、導入コストの負担としてどの程度が可能であるかを考えなければならない。

第3　組織としての取り組み

以上のような弊害発生のリスク、および期待されるメリットの検討を踏まえ、導入目的達成のために、どのようなテレワークとするのかを決めることになる。

ただし、事前にすべてを明確にした計画が立案できるはずはない。この段階では、以上のような着眼点をもとに、考えられるところを意識的に整理しておくのである。それにより、その後に問題が発生しても、計画の見直しが可能となる。要は、どのような形にせよ、導入の目的、態様、形式、速度、期待されるメリット、懸念されるデメリットなどを整理し、社内で共有しておくことが重要である。

そのうえで、どのようにテレワーク制度を導入していくのかの具体的検討段階に入る。ここでは、導入の目的および内容によって、きわめて多様なも

のとなることが予想されるため、それぞれの事業者において、どのように検討すべきか一般的な内容を整理しておきたい。

1. プロジェクトチームの設置

　導入の目的および内容を検討する場合、自社の状況を正確に把握していることがその前提として必要であり、さらにその具体的な導入方法の決定は、現場の状況を踏まえたものでなければならない。そのため、全社的な制度としてテレワークを導入しようとするなら、その検討作業は、ビジネス的な観点、労務管理上の観点、法務的な観点、健康安全面の配慮等々の考察が必要となり、人事部門や企画部門だけで対応できるものではない。

　さらに、一定規模以上の企業では、経営企画、法務、人事、総務、財務といったマネジメント部門だけでなく、製造、営業、研究開発等々、直接または間接に事業活動を担う部門とも密接に共同して検討することが求められる。そこで、社内に分野横断的なプロジェクトチームを設置することが必要不可欠である[14]。

　検討のどの段階でプロジェクトチームを設置すべきかは一概にはいえず、テレワークの導入目的などを検討する初期段階も考えられるが、ある程度以上の規模の組織では、遅くとも、導入の具体的な方策を決定する段階に至った時点では、しかるべきプロジェクトチームを設置することが不可欠である。もし、導入の目的や内容が決定されたあとの、導入方法の具体的検討段階で初めてプロジェクトチームが結成されたとしても、導入の目的や内容はあらためて精査すべきである。その結果として、それらの修正等が必要になる場合は、どこまでの部分を所与の課題として取り組むのか、その課題自体を見直すのかの判断は、個別事案により異なるものの、検討課題を特定の項目の

---

[14]　小規模の企業では、このようなプロジェクトチームの結成は不要であろう。感覚的には、80人以下の組織体であれば、1つの部署で完了することも可能だろうが、それ以上の規模となった場合には、どの程度の大きさのプロジェクトチームとするのか、どの程度の責任・権限をもたせるのかは状況次第であり、いくつかの部署から人を選抜したプロジェクトチームの設置が必須と考えられる。

みに絞り込むことは、プロジェクトチーム設置の意義を失うことになりかねず、避けなければならない。

　また、プロジェクトチームは導入の具体的方法論だけでなく、導入後の経過を踏まえた、具体的方策の調整・見直しについても、責任をもつべきである。さらには、所期計画にもとづく導入後の効果測定や、改善等にもかかわれるようにすべきである。

　なお、プロジェクトチームでは、テレワーク制度導入の目的、内容、手順のすべてを共有していることが要請される。

2. 経営トップによる基本方針の表明

　プロジェクトチームの設置を必要とする規模の企業の場合、テレワークの導入を全社的な制度として行なおうとするなら、社内の業務全般の見直しが必要となろう。そこでは、導入のための人的負担等に対して、社内からの反発も当然に予想されるので、重要な判断をプロジェクトチームだけで決定し、それを実施に移すことは容易ではない。したがって、プロジェクトチームを設置するとともに、経営トップが導入の基本方針を明確に表明することが必要である。

　また、テレワーク制度を導入しても、ただちに効果をあげられるとは限らず、弊害のみが生じてしまうおそれもあり、これを乗り越えて定着させることに意味がある場合もあるであろう。そのような事態を克服するためにも、経営トップが方針を明確にして、テレワークの導入を重要な政策課題として取り上げる必要がある。

第4　労使関係上の問題

　テレワークの導入にあたっては、プロジェクトチームの設置のような、経営組織としての取り組みに加えて、従業員との関係における労使関係上の配慮も必要である。

1．労使双方の共通認識の醸成

雇用型テレワークガイドラインでは、「テレワークの制度を適切に導入するに当たっては、労使で認識に齟齬のないように、あらかじめ導入の目的、対象となる業務、労働者の範囲、テレワークの方法等について、労使委員会等の場で十分に納得のいくまで協議し、文書にして保存する等の手続をすることが望ましい」とされている。しかし、単に協議合意を得て進めようとするのではうまくいかない。ガイドラインが、このような書きぶりとなっているのは、ガイドラインの議論が、労働者側の権利義務との調整を主眼として、労使協議の必要性を説いているからであると考えられる。

労使関係の問題として考えるのであれば、テレワーク導入の目的・内容の決定においては、経営政策的な種々の考察が必要であるから、むしろ、事業に責任をもつ経営側が十分に検討したうえで、これを労働者側に提案し、労働条件問題としての労働者側の意見を踏まえたうえで、調整を行なうべきである。これは、労働者側の要求との妥協をはかるようなものであってはならず、そこでの意見も踏まえて、経営側が責任をもって、制度をより現実的かつ効率的なものとするために行なうべきである。そのうえで、経営側が責任をもって制度導入を進めるべきである。これは双方で協議し、妥協するという考え方とはまったく性格の異なるものである。

もちろん、協議を通じて労使双方の共通認識を醸成することはきわめて重要である。しかしそこで、導入の目的・内容に不合理な妥協を入れてしまうようでは、テレワーク制度導入の意義を失いかねない。労使協議を考える場合には、そのようなことがないように十分留意し、必要に応じ、使用者側が責任をもって煮詰めた提案を行ない、誠実に協議し、テレワーク導入への理解を求めることが肝要である。

これは、後述する就業規則の不利益変更に関する説明時の発言・応答要領の整備と同時に行なわれるべきものであり、両者は一体として調整をはからなければならない。

もちろん、テレワーク導入により生じる不公平感や、長時間労働への対

応などは、労使が協調してその克服にあたるべきである。この点は、組合などの従業員代表の組織が十分でないところでは、経営側が積極的に、従業員側の視点で問題点を掘り起こし、機会を設けて説明会などを開催して、できる限り丁寧かつ前向きに説明や質疑応答をすることが重要となる。

2．利用対象者の決定、非対象者の不公平感への配慮

　労使関係の視点からテレワーク制度の導入を考えるにあたっては、テレワーク制度の利用を業務命令として命じる場合を想定するのか、その利用を希望者だけに限るのかの視点にも注目したい。

　雇用型テレワークガイドラインでは、「個々の労働者がテレワークの対象となり得る場合であっても、実際にテレワークを行うか否かは本人の意思によることとすべきである」としている。これは、テレワークの導入は働き方改革の一環であるとの考え方にもとづくものであると考えられる。確かに、育児・介護のためのテレワーク制度導入であれば、業務上の命令ということは考えがたく、本人に選択権を与えることが当然であろう。しかしながら、その場合でも、希望があれば無制限に認めるのか、それとも一定の制限を設けるのかなど、その運用は検討を要するところである。

　それだけでなく、テレワークのメリットは多様であり、各企業ごとに、どのようなメリットにウエートをおくか、そして、どのような対象者にどのような条件でテレワークを認める（指示する）かは、テレワーク制度の導入目的との関係で決定する必要がある。すなわち、たとえば業務継続性向上のためにテレワーク制度を導入するなら、テレワークとするか否かを従業員の希望により決めるということは考えがたい。

　なお、テレワークの利用を、その必要性のあるときや、特定の部署など、一定の従業員にのみ認めるのであれば、従業員の間で不公平感が生じうる。これは、場合によってはハラスメントに通じたり、従業員のモチベーションに悪影響を与えたりする重大な問題にもなりかねない。大企業であれば、特定の業務に従事している者にテレワークを認め、そのような業務を行なう別

会社を設立すること、中小企業では、対策の幅は狭くはなるが、利用可能者・不可能者双方の待遇などを含め、きめ細かな対応などを考える必要がある。

3．社内教育等

　個別の運用の問題として、雇用型テレワークガイドラインでは、「テレワークを行う労働者が業務を円滑かつ効率的に遂行するためには、業務内容や業務遂行方法等を明確にして行わせることが望ましい。また、あらかじめ通常又は緊急時の連絡方法について、労使間で取り決めておくことが望ましい」との記載がある。これは、当然に配慮すべき事柄である。

　また「テレワークを行う労働者については、OJTによる教育の機会が得がたい面もあることから、労働者が能力開発等において不安に感じることのないよう、社内教育等の充実を図ることが望ましい」とも記されている。社内教育などを実施する際は、必要に応じ、総務省が作成している「テレワークセキュリティガイドライン」を活用するなどして、情報セキュリティ対策に十分理解を得ておくことが望ましいとされている。これらも当然配慮されるべき事柄である。なお、テレワークを行なう労働者を対象とする、社内教育や研修制度に関する定めをする場合には、当該事項を就業規則に規定しなければならない（労働基準法89条7号）がこれについても、導入上当然に必要とされる配慮事項である。

　なお、上記は、テレワーク従事者のみを念頭においているが、テレワーク制度を利用することができない社員に対する配慮も必要であり、テレワークへの理解を深めるための社内教育は、それらの者にも必要である点に留意すべきである。

第5　業務体制の整備

　以上の検討を経て、テレワーク制度の具体的な導入へと進めることとなるが、全般的な業務体制についてもみておきたい。

1. フリーアドレス制の導入

　テレワークを実施するためには、単に就労の場所に柔軟性をもたせるだけでは不十分であり、そのような体制で遂行ができるように業務自体を見直さなければならない場合が多い。

　業務遂行方法の見直しは、テレワーク特有の問題とはいいがたく、たとえば、オフィスワークに就業場所のモバイル化をはかるなどの工夫を取り入れている企業も多い。その意味で、社内におけるフリーアドレス制は、Ⅰ章第3の2④で前述したとおり、業務遂行における場所的な固定性を弱め、テレワーク制度と連動するものとして、テレワークに関連して導入を検討することに意味がある。

　したがって、前述したようにプロジェクトチームをつくり、現在の業務自体を見直し、どのような範囲でテレワークが可能か検討するなかで、業務を整理し、その遂行方法自体をテレワークするに適した形につくり替えることを考えるべきである。

2. 情報通信システムの構築

　円滑にテレワークを進めるには、情報通信機器を利用して適度なコミュニケーションがはかれる体制を構築することが前提となる。たとえばWeb会議システム等を適切に導入できれば、通常のオフィスワーク以上に密接なコミュニケーションがはかれる。ただし、face to faceのコミュニケーションに完全には代替はできないため、そのバランスを慎重に考慮すべきである。

　またこれに関するルール・規則については、以下に述べるとおり、業務遂行にあたってのセキュリティ体制構築だけでなく、ICT機器のセキュリティ対策なども必要となる。

3. セキュリティ対策

　効率的な情報通信システムの導入は、生産性の高い業務遂行のために物理的に必要となるだけでなく、円滑なコミュニケーションの確立を通じて、

チームワークを維持し高めるためにも必須となる。しかし便利さの反面、情報通信システムの利用度を上げることは、セキュリティリスクが高まることにもつながる。

システム対策上、在宅勤務に典型的なものとしてPCのシンクライアント（Thin client）やゼロクライアント（Zero client）などがある。

シンクライアントとは、端末上の処理を最低限のものとし、ほとんどの処理をサーバー側に集中する方式である。もともとはPCの機能を最小限にとどめ、PCのコストを下げるとして注目されていたもので、「端末にデータを残さずにすむので、情報漏洩対策にもなる」「在宅勤務やフリーアドレスなど、仕事の場所を選ばない新しいワークスタイルを実現できる」といった観点から、セキュリティ対策としても注目を集めている。

シンクライアントには、ネットワークブート型と画面転送型がある。ネットワークブート型とはサーバー上にあるイメージファイルを使ってネットワークを通じてOSやアプリケーションをクライアント端末でブート（起動）する方法、画面転送型はサーバー側で環境を起動し、ネットワーク越しに接続された端末へ画面情報を転送し、キーボードやマウスなど入力情報を端末からサーバーへ返すものである。このうち、そもそもPC端末側にWindowsなどのOSを使用せず、情報通信端末でサーバー側での処理を行なわせるためのネットワーク接続機能のみをもたせるものが、ゼロクライアントと呼ばれる。

セキュリティ対策の面では、以上のようなシステム上のもののほか、業務遂行上の要求事項を反映するために、就業規則の改定も必要となる（この点は後述する）。

このように人的制度、物理的設備などを通じ、セキュリティを確保しながら、効率的にテレワークを推進できるシステムを整えることは、事業者側の負担となるが、これも他社に対する競争力を高める手段ともなるのである。

4. 業務遂行方法の見直し

繰り返しになるが、政府がテレワークとして主に念頭においているのは、

従前のオフィスワークを、情報通信システムを活用して事業場外で行なうことである。そこでは、コミュニケーションやセキュリティの問題に関連して、報告連絡相談の方法、意思決定の手続き、業務指示の方法など、見直すべき点が多々生じてくる。

コミュニケーションについては、単に情報を伝達するだけでなく、在宅勤務などで独立して業務を行なう場合に、組織としての一体性や、業務分担の柔軟化・効率化などを含め、チームワークをどのように維持・向上させるかなども問題となりうる。

そのようなチームワークの維持・向上は、テレワーク制度導入前に慎重に検討すべきものではあるが、現実に実施してみなければ、わからない点も多々あり、制度導入後に随時見直しが必要とされるところである。

とりわけ、仕事をするということに対するマインドセットは重要なポイントである。チームワークといいながら、上司が帰るまで帰宅できない等、在社すること自体が働いていることであるかのような、またチームワークを維持するために遅くまで在席していることが必要であるかのような漠然としたマインドセットは、いまだに、いたるところで見受けられる。これは近時、だいぶ変わってきたとはいえ、部下の側だけでなく、上司の側においても、早々に帰宅する社員への評価の問題などで同様に表われることがある。

このようなマインドセットの問題は一朝一夕で変わるものではない。テレワーク制度を導入することは容易ではないが、これを浸透させることにより、逆に、このようなマインドセット自体の変更が期待できるという点は、テレワーク制度導入のひとつの意義である。マインドセット自体は直接には変更できないが、「働き方」を変えていくことで、そのようなマインドセット自体の変化が期待されるのである。

第6　社内規則等の整備

以上を前提に、具体的にテレワーク制度を導入するにあたり、社内規則等

についてどのような改変が必要かを次に検討していく。

　テレワーク制度導入にあたっては、既存従業員と新規採用者とでは法的な取り扱いが異なり、新規採用者には採用・募集時におけるテレワーク制度についての十分な説明が、既存従業員では労働条件の変更手続きが必要となる。

1．テレワーカーの新規募集と契約時の労働条件明示

　テレワークを導入するにあたり、一般的には、現時点で通常勤務で従事している社員の業務をテレワークに切り替えていくことが想定される。しかしそれ以外に、これまで行なっていた業務を外部のテレワーカーにアウトソースする方法も考えられる。外部テレワーカーにアウトソースする形でテレワークを導入する場合、そのテレワークが自営型であるならば、従事するテレワーカーと業務委託契約を締結することになり、労働・雇用法の問題は生じない。これに対し、雇用型テレワーカーを新たに雇用する形でテレワークを導入するのであれば、上述した労働・雇用法の各種規制の適用を受けることとなる。

　このように、新規の採用者に、その業務の全部または一部をテレワークで行なわせる場合は、採用するのが正社員であれ、非正規社員であれ、労働契約を締結する際に、労働者に対し賃金や労働時間だけでなく、就業の場所に関する事項等を明示しなければならない（労働基準法15条、労働基準法施行規則（昭和22年厚生省令第23号）5条1項）。したがって、新規採用の場合は、その対象となる業務がテレワークでの勤務であること、および就業の場所としてテレワークを行なう場所の明示が必要となる[15]。

　また、新規採用の労働者にテレワーク就労の選択を許す場合には、自宅やサテライトオフィスなど、テレワークを行なうことが可能な就業の場所やテレワークを行なうための条件を明示する必要がある（雇用型テレワークガイ

---

[15]　2019年4月から、労働条件明示については、ファクシミリ、電子メール、SNSメッセンジャー機能を使用して（添付ファイルの形で）通知をすることでも構わないとされている（労働基準法施行規則5条4項）。

ドラインによれば、「労働者が専らモバイル勤務をする場合等、業務内容や労働者の都合に合わせて働く場所を柔軟に運用する場合は、就業の場所についての許可基準を示した上で、「使用者が許可する場所」といった形で明示することも可能である」とされている）。

労働時間に関しては、始業および終業の時刻、所定労働時間を超える労働の有無、休憩時間、休日、休暇、ならびに労働者を２組以上に分けて就業させる場合における就業時転換に関する事項等についても明示しなければならない。また、テレワークの実施とあわせて、フレックスタイム制や変形労働時間制等により、始業および終業の時刻の変更等ができるなら、その旨を就業規則に記載するだけでなく、労働契約書にも明示しなければならない（労働基準法施行規則５条１項２号）。

2. 通常勤務の社員の労働条件変更

一方、すでに雇用契約関係にある従業員にテレワークを命じる場合、あるいはテレワーク勤務を許可する場合は、それぞれに応じた労働条件変更の手続きが必要となる。

❶就業規則の変更を必要としない場合

通常勤務の労働者に対して、テレワーク制度を新たに導入する場合であっても、それまでの就業規則の定めについての規定の適用により、労働時間管理はそのままとして、事業所外の特定の場所での勤務を認める（または命じる）限度であれば、就業規則の規定変更を必要としないことも考えられる。

これについて、「厚生労働省テレワークモデル就業規則作成の手引き2018年」（以下「作成の手引き」という）では、「労働時間制度やその他の労働条件が同じである場合は、就業規則を変更しなくても、既存の就業規則のままでテレワーク勤務ができます。」とし、就業規則作成は、

- ・通信費用を負担させるなど、通常勤務では生じないことがテレワーク勤務に限って生じる場合
- ・テレワーク勤務の導入に際して、既存の就業規則にないフレックスタイ

ム制を採用したい場合

に必要になる、とされている。一方、たとえば就業場所に関する規定につい
ては、すでに就業規則に規定されている「就業場所の指定」「配置転換・転
勤」などを適用し、業務命令の内容を適切なものとすることで、テレワーク
を実施できる可能性がある。具体的には以下のような例が該当する。

　①サテライトオフィス導入の場合
　・サテライトオフィスを本社社内に設置し、出張者が利用可能とした場合
　・サテライトオフィスを営業社員の利便のためにターミナル駅の近くに設
　　置した場合
　②モバイル勤務導入の場合
　・臨時的、例外的にモバイル勤務を許容した場合
　③在宅勤務の場合
　・介護が必要となったある社員に個別に在宅勤務を許した場合
　・希望がある場合に週に１度を上限とするなどして、希望者に在宅勤務を
　　認めることとした場合

❷就業規則の変更が必要となる場合

　就業場所に関する就業規則の変更を必要としない場合であっても、事業場
外での就労に関連して、報告連絡相談等の手段の指定、セキュリティ問題等
に関連して取り決めるべき事項等が生じる場合がある。このような場合には、
それに関する規定の新設や整備が必要となる。

　テレワーク勤務に関する労働条件のうちで、就業規則の絶対的記載事項お
よび労働条件通知書記載必要事項としては、

　・始業および終業の時刻に関する事項
　・所定労働時間を超える労働の有無に関する事項
　・休憩時間に関する事項
　・休日に関する事項
　・休暇に関する事項

などが考えられることから、テレワーク就業規則を定めるうえでは、以下の

規定をおくことが想定される。

- ・労働時間についての定め、フレックスタイム、みなし労働、裁量労働時間制、出退勤管理など
- ・テレワークの場合の時間外勤務
- ・テレワークの場合の休日

このほかにも、就業規則の絶対的・相対的記載事項および労働条件通知書に記載されるべき条件等があるが、それらについては、就業規則本体の規定が適用されるものと考えられる。

なお、就業の場所および従事すべき業務に関する事項は就業規則の絶対的記載事項ではないものの、労働条件通知書記載必要事項ではあるため、在宅勤務、サテライトオフィス勤務、モバイル勤務等の制度の適用がある場合は、その記載のある書面の交付が必要である。そして、以上のような法規上の必要性がない場合であっても、業務外での時間管理の方法や、情報セキュリティに関する服務規律など、労務管理上テレワーク就業規則を定めることが必要となる場合がある。

それらについては、テレワーク勤務に関して一律に要請されるため、個別の業務命令としてだけでなく、就業規則を変更すること（または在宅勤務規程等の新設）が相当とされる場合が多い（その内容は後述）。

❸就業規則変更の手続き

就業規則の変更については、その変更が労働者にとって有利なものなら、一方的に変更できるが、不利益となる場合には、労働契約法10条により、当該変更に対し労働者からの個別の同意があるか、またはその変更に合理性があることが必要とされる。

労働契約法10条は、「使用者が就業規則の変更により労働条件を変更する場合において、変更後の就業規則を労働者に周知させ、かつ、就業規則の変更が、労働者の受ける不利益の程度、労働条件の変更の必要性、変更後の就業規則の内容の相当性、労働組合等との交渉の状況その他の就業規則の変更に係る事情に照らして合理的なものであるときは、労働契約の内容である労

働条件は、当該変更後の就業規則に定めるところによるものとする。」と定めており、労働条件の変更が労働者に不利益なものであっても、変更することに合理性があれば、労働者の個別の同意がなくても、一方的な変更が可能であるとしている[*16]。

　テレワークの適用を労働者が自由に選択できるのであれば不利益とはいえないが、一方的にテレワーク勤務を命じたり、テレワークを選択することを許容する一方で、テレワークを選択した場合に労働時間や賃金について従業員に不利益な条件を課したりするなど、それが不利益であるか否かが不明確なケースも考えられる。このように、テレワーク制度の導入に関する就業規則の変更は、不利益であるか否かが不明確な場合も考えられるが、在宅勤務等のテレワーク勤務をスムーズに導入するためには、いずれにしても十分な説明と納得を得るための手続きが求められることから、変更のための同意・合理性の要件は常に念頭において準備をすべきである。

　就業規則の変更に合理性があり、十分な説明を行なうのであれば、それについての同意を得ることも容易になると考えられるが、逆に合理性がなければ、個別合意を得ることは困難である。また裁判所は、不利益な変更に対する同意について、「当該変更を受け入れる旨の労働者の行為の有無だけでなく、当該変更により労働者にもたらされる不利益の内容及び程度、労働者により当該行為がされるに至った経緯及びその態様、当該行為に先立つ労働者への情報提供又は説明の内容等に照らして、当該行為が労働者の自由な意思に基づいてされたものと認めるに足りる合理的な理由が客観的に存在するか否かという観点からも、判断されるべきもの[*17]」としており、形式的に同意があるからといって、ただちに不利益な変更を有効にするわけではない点には、特に注意が必要である。

---

*16　労働契約において、就業規則の変更があっても労働条件に影響を及ぼさないものとして、労働者および使用者が合意していた部分については、そのような合意が就業規則で定める基準よりも労働者に不利益でない限り、就業規則の変更による労働条件の変更は認められない（労働契約法10条ただし書き）。

*17　最高裁平成28年2月19日判決（山梨県民信用組合事件）

したがって、テレワーク制度の導入が労働者にとって不利益となる場合は、制度の導入に合理性があるか否かが重要であり、かつ十分な説明をすることで、同意を得ることも不可能ではないはずである。そこで、テレワークの導入をスムーズに行なうには、テレワーク制度導入の詳細が決定したところで、必要に応じて社内での説明を行なうことが望ましい。

　労働者の合意が得られるかが微妙な場合は特に、その説明に際しての発言内容や応答要領をあらかじめ整理し、十分に説明し理解を求める努力をするべきである（この問題は、前述の労使関係上の配慮としても必要である）。もしも導入するテレワーク制度に問題があるなら、通常は、このような説明会における発言要領や応答要領を整備する段階で明らかとなるので、これを作成する過程で、制度自体に必要に応じた修正も行なうべきである。すなわち説明のための準備は、導入しようとするテレワーク制度の合理性の最終チェックともなりえるのである。また、不利益変更になるか否かが微妙な場合などは、弁護士などの専門家を頼み、発言応答要領の妥当性の確認を求めることが、きわめて有益である。

　そのうえでの手続きとして、就業規則の変更（または在宅勤務規程等の新設）にあたっては、労働基準法89条および90条の規定により、過半数組合または従業員代表からの意見聴取、労働基準監督署への届け出を必要とすることはいうまでもない。

第7　テレワークに必要な就業規則規定

　常時10人以上の労働者を使用する事業所は、労働基準法89条所定事項について、従業員代表の意見を聴取したうえで、就業規則に定めをおき、労働基準監督署に所定の届け出を行なわなければならない。テレワークに関連しうる主要な項目としては、上述したとおり、始業・終業時刻、休憩時間、休日、休暇ならびに賃金に関する事項などがある。

　最小限度の（または臨時的な）テレワークで、従前定められている労働条

件の範囲内で対応できれば規則関係の改定や新設を必要としない場合もありうるが、労働基準法89条では当該事業場の労働者すべてに適用される定めをするのであれば、その事項を就業規則に定めるべきとされており、また内容を明確にするためにも、就業規則に定めておくことが適当な場合が多い。

規則の形式としては、就業規則や賃金規程等の既存規定の改定によるほか、在宅勤務規程等を新設することや、それらの組み合わせによることも考えられる。そこで以下、就業規則に定めることが必要・適当な主要項目、およびテレワーク就業規則の規定例について、「作成の手引き」（厚生労働省「テレワークモデル就業規則」）を参照しながら検討したい。

ちなみに、「作成の手引き」では、在宅勤務規程を中心に検討され、モデル「テレワーク就業規則」として在宅勤務規程例が添付され、サテライトオフィス勤務、モバイル勤務の規定例は、手引きの本文中にいくつかの規定例を示すにとどまっているが、一応全体をカバーしている。そこでここでは、それらの規定例を適宜引用しながら、項目別に考慮すべきポイントなどを解説する。したがって、以下は、あくまで「規定例」の解説であり、これを各社にふさわしい規定とするには、導入すべきテレワークの内容を踏まえて検討・決定いただきたい。

なお、以下のゴシック体で表示する部分は、「作成の手引き」本文にモデルとして記載されている規定例であり、ゴシック体で表示し、かつ網掛けしている部分は、「作成の手引き」末尾に掲載されている在宅勤務規程のモデルに含まれている規定例である。

1. 目的・適用範囲

「作成の手引き」のモデル「テレワーク就業規則」（在宅勤務規程）では、次のような規定をおいている。

（在宅勤務制度の目的）

第1条　この規程は、○○株式会社（以下「会社」という。）の就業規則第○条に基づき、従業員が在宅で勤務する場合の必要な事項について定めたものである。

上記は在宅勤務制度に関するものだが、サテライトオフィス勤務やモバイル勤務独自の就業規則を定める場合も同様に、冒頭に当該規則の目的および適用範囲について定めをおくことが考えられる。これにより、当該規則内の規定が、対象外に適用されることを防止できる。

　テレワーク勤務に対して通常勤務の規定を準用・類推適用することとし、その趣旨の規定を冒頭におくことも考えられるが、そのような一般的・概括的な準用・類推規定では、具体的な適用範囲が不明確となりがちであることから、他の規則の規定の準用等を予定する場合は、その具体的な準用を認める部分について、個別かつ明示的に記載すべきであろう。

２．定義規定（就業場所についての規定）

　導入するテレワークの内容を定義するものである。「作成の手引き」末尾のモデル「テレワーク就業規則」（在宅勤務規程）の総則では、次のような規定例が紹介されている。

（在宅勤務の定義）

第２条　在宅勤務とは、従業員の自宅、その他自宅に準じる場所（会社指定の場所に限る。）において情報通信機器を利用した業務をいう。

　「作成の手引き」本文内では、サテライトオフィス勤務およびモバイル勤務については、次のようなモデル規定が紹介されている（これらの規程は末尾の在宅勤務規程にも記載されているが、これは、便宜上参考として示されているものと考えられる）。

テレワーク勤務規程（サテライトオフィス勤務の定義）

第２条　サテライトオフィス勤務とは、会社所有の所属事業場以外の会社専用施設（以下「専用型オフィス」という。）、又は、会社が契約（指定）している他会社所有の共用施設（以下「共用型オフィス」という。）において情報通信機器を利用した業務をいう。

テレワーク勤務規程（モバイル勤務の定義）

第２条　モバイル勤務とは、在宅勤務及びサテライトオフィス勤務以外で、かつ、

社外で情報通信機器を利用した業務をいう。

　定義規定は、テレワーク就業規則の各規定の適用対象を明確にするために
も、個別具体的な業務の内容に応じ、規則の必要性を踏まえた正確な定義と
することが望ましい。

　ちなみに、この規定例のモバイル勤務の定義では、出張や営業など、従来
から行なわれていた事業場外の勤務も、スマートフォンなどを利用すると、
すべてモバイル勤務と定義される可能性がある。そのような曖昧さを排除す
るためには、たとえば、「通常勤務、在宅勤務またはサテライトオフィス勤
務において遂行することが予定された業務内容をそれら以外の場所で、情報
通信機器を利用して行う勤務」などと規定することが考えられる。

3. テレワーク就業許可基準に関する規定

　自宅、サテライトオフィス等の就業場所の定めは、テレワーク制度を導入
する以上、当然に必要である。モバイル勤務では、就業場所が特定の場所で
はないため、場所の特定ではなく、そのような態様の勤務を認める旨の定め
をおくことになると考えられるが、典型的な就業場所を例示したり、逆に、
業務に集中できない場所、安全衛生上好ましくない場所、セキュリティ上の
問題がある場所など、就業にふさわしくない場所を概括的または個別に規定
することが考えられる。

　これと関連して、テレワークを行なうことを人事権の行使として命令でき
るとする場合には、その旨の根拠規定をおくことが必要である。逆に、申請
があった場合のみテレワークを認めるものとするなら、そのための手続き・
許可条件などの定めをおくことになる。

　「作成の手引き」のモデル「テレワーク就業規則」（在宅勤務規程）では、
在宅勤務を念頭に次のような規定例を示している。

　　　第2章　在宅勤務の許可・利用
（在宅勤務の対象者）
第3条　在宅勤務の対象者は、就業規則第○条に規定する従業員であって次の各

号の条件を全て満たした者とする。

(1)　在宅勤務を希望する者

(2)　自宅の執務環境、セキュリティ環境、家族の理解のいずれも適正と認められる者

2　在宅勤務を希望する者は、所定の許可申請書に必要事項を記入の上、1週間前までに所属長から許可を受けなければならない。

3　会社は、業務上その他の事由により、前項による在宅勤務の許可を取り消すことがある。

4　第2項により在宅勤務の許可を受けた者が在宅勤務を行う場合は、前日までに所属長へ利用を届け出ること。

　上記規定例では、在宅勤務の許可を受ける資格基準を中心に規定がおかれている。その基準として、本文中では、第1項(2)として「勤続1年以上の者でかつ自宅での業務が円滑に遂行できると認められる者」との規定を、選択的に加えることがありうる例として記載されている。

　在宅勤務の許可に、このような執務環境条件や、勤続年数要件などを課すのは、十分な執務環境が整っていること、独立して勤務を行なうことができるために一定の経験が必要であろうことなどを考慮するものである。いずれにしても、許可基準の内容は個別具体的状況を踏まえて決定すべきである。このような基準を示さず、希望する者の状況に応じて、個別に適否を判断すると規定することも考えられるが、その場合であっても、利用申請をする側に一定の目安を与える意味で、また、運用の公平性担保のためにもある程度の基準を示しておくことが適当であろう。

　また、「作成の手引き」には、テレワーク勤務対象者を育児、介護、傷病などにより、在宅勤務が必要となる者に限定する事例も紹介されている。そこでは、上記の第1項(2)の勤続1年以上との規定の代わりに「育児、介護、従業員自身の傷病等により、出勤が困難と認められる者」との規定をおくこととし、さらに、第5項で、「会社は第1項第2号の事実を確認するための必要最小限の書類の提出を求めることがある。なお、育児休業、介護休業の

届出をしている者は提出を不要とし、傷病手当金の申請をしている者はその申請の写しをもって代えることができる。」としている。

これらについて、どのような基準が適当かはむずかしいところであり、前述したとおり導入目的を踏まえて慎重に決定するべきである。また、導入のあとでも、利用の状況を踏まえて、適用条件を適宜拡大・縮小・修正していくことが適当と考えられる。このような変更をする場合には不利益変更となるか否かもあわせ考慮する必要がある。不利益変更となりうる場合の処理については前述のとおりである。

なお、「作成の手引き」では、サテライトオフィス勤務については上記のような資格要件は設定されておらず、どの社員でも利用できることを前提に、その利用申請の手続きが規定されている。在宅勤務とのこのような違いは、サテライトオフィス勤務は、出張中の利用など、臨時的な性格のものであることが多いこと、管理監督が容易な場合が多いこと、勤務場所としての適正さを使用者側が把握できていることなどの事情によるものと考えられる。現実的には、該当業務の内容、サテライトオフィスの状況に応じ、どのような利用条件とするのかについて適宜定めをおき、その利用状況をみて改定していくことが考えられるため、就業規則には一般的な規定のみをおき、個別の条件は利用細則の定めるところによる、といった規定方法も考えられる。

テレワーク勤務規程（サテライトオフィス勤務の利用申請）

第3条の2　サテライトオフィス勤務の利用に当たっては、申請書により申請しなければならない。なお、勤務期間が1週間未満の場合は所属長の許可を得れば申請書の提出は要しないが、1週間を超える場合については次の事項を記載した申請書により、申請するものとする。

　　なお1か月を超える場合は1か月単位とする。

⑴　希望するサテライトオフィスの場所

⑵　勤務時間及び勤務期間

⑶　業務の内容

　上記の規定例は、1ヵ月を超える場合まで想定されているので、一定の事

業所内やターミナル駅近くなどに立ち寄りで利用可能なサテライトオフィスの利用だけでなく、たとえばリゾート地にサテライトオフィスを設けるなどの場合も想定されているようである。そのような長期の場合については、在宅勤務規程例のように利用資格を設定するなども考えられる。また、業務の遂行上、そのようなサテライトオフィス勤務を命じることもできるとすることも考えられる。

4．服務規律に関する定め

「作成の手引き」では、テレワーク勤務における服務規律について規定例が示されている。「作成の手引き」本文では、「テレワーク勤務規程で別途、服務規律を定めること」を就業規則のなかで言及したうえで、テレワーク勤務規程を掲げ、そこに遵守事項が例示されている（就業規則の「遵守事項」に、テレワーク勤務規程に言及した部分（第2項）を付してある）。

就業規則（遵守事項）

第〇条　従業員は、以下の事項を守らなければならない。

　(1)　許可なく職務以外の目的で会社の施設、物品等を使用しないこと。

　(2)　職務に関連して自己の利益を図り、又は、他より不当に金品を借用し、若しくは、贈与を受ける等不正な行為を行わないこと。

　(3)　勤務中は職務に専念し、正当な理由なく勤務場所を離れないこと。

　(4)　会社の名誉や信用を損なう行為をしないこと。

　(5)　在職中及び退職後においても、業務上知り得た会社、取引先等の機密を漏洩しないこと。

　(6)　許可なく他の会社等の業務に従事しないこと。

　(7)　酒気を帯びて就業しないこと。

　(8)　その他従業員としてふさわしくない行為をしないこと。

2　テレワーク勤務者（「在宅勤務」、「サテライトオフィス勤務」及び「モバイル勤務」に従事する者をいう。以下同じ。）の服務規律については、前項各号に定めるもののほか別に定めるテレワーク勤務規程で定める服務規律による。

テレワーク勤務規程（テレワーク勤務時の服務規律）

第4条　テレワーク勤務者は就業規則第○条及びセキュリティガイドラインに定めるもののほか、次に定める事項を遵守しなければならない。

⑴　テレワーク勤務の際に所定の手続に従って持ち出した会社の情報及び作成した成果物を第三者が閲覧、コピー等しないよう最大の注意を払うこと。

⑵　テレワーク勤務中は業務に専念すること。

⑶　第1号に定める情報及び成果物は紛失、毀損しないように丁寧に取扱い、セキュリティガイドラインに準じた確実な方法で保管・管理しなければならないこと。

⑷　在宅勤務中は自宅以外の場所で業務を行ってはならないこと。

⑸　モバイル勤務者は、会社が指定する場所以外で、パソコンを作動させたり、重要資料を見たりしてはならないこと。

⑹　モバイル勤務者は、公衆無線LANスポット等漏洩リスクの高いネットワークへの接続は禁止すること。

⑺　テレワーク勤務の実施に当たっては、会社情報の取扱いに関し、セキュリティガイドライン及び関連規程類を遵守すること。

　ここではテレワーク勤務の特殊性を踏まえ、通常の服務規律に加えて、セキュリティ関連を中心に規定されている。これは、懲戒根拠規定であるということ以上に、注意喚起の意味が強いので、具体的に規定をすることに意味がある（もっとも、「作成の手引き」の例のなかには、「テレワーク勤務中は業務に専念すること」との規定まであるが、注意喚起であるとしても、当然すぎるため、不要ではないかと思われる）。

　いずれにしても具体的な内容は、テレワーク勤務を導入し、その状況も確認しながら適宜修正を加えていくことが必要であろう。「作成の手引き」のモデル「テレワーク就業規則」（在宅勤務規程）では、在宅勤務を念頭に、以下のような規定例を掲げている。

（在宅勤務時の服務規律）

第4条　在宅勤務に従事する者（以下「在宅勤務者」という。）は就業規則第○条及びセキュリティガイドラインに定めるもののほか、次に定める事項を遵守し

なければならない。

(1) 在宅勤務の際に所定の手続に従って持ち出した会社の情報及び作成した成果物を第三者が閲覧、コピー等しないよう最大の注意を払うこと。

(2) 在宅勤務中は業務に専念すること。

(3) 第1号に定める情報及び成果物は紛失、毀損しないように丁寧に取扱い、セキュリティガイドラインに準じた確実な方法で保管・管理しなければならないこと。

(4) 在宅勤務中は自宅以外の場所で業務を行ってはならないこと。

(5) 在宅勤務の実施に当たっては、会社情報の取扱いに関し、セキュリティガイドライン及び関連規程類を遵守すること。

5．労働時間に関する定め

❶労働時間制度

労働時間については、1日8時間1週間40時間の所定労働時間を前提に、始業・終業時刻を定める就業規則の規定のままで、テレワークを行なうことは十分に可能である。この場合は、労働時間の把握手続き以外に労働時間の定めについての特別な規定は不要である。

しかし「作成の手引き」では労働時間について、通常勤務と異なる取り扱いをすることを前提に具体的な規定がおかれている。どのような特別の取り扱いが適当かは個別具体的な事情によるが、そのような取り扱いなどを定める場合を、具体的に明示しておく必要がある。

「作成の手引き」本文では、服務規律と同様、就業規則のなかで、「テレワーク勤務規程による」ことが示され、これを受けて、在宅勤務規程で「会社の承認を受けて変更できる」ことが規定されている。通常の労働時間をそのまま適用するのか、このような変更可能性についての規定を設ける必要があるのかなどは状況に応じて検討を必要とする。

就業規則（労働時間及び休憩時間）

第〇条　所定労働時間は、1週間については40時間、1日については8時間とする。

2　始業時刻、終業時刻及び休憩時間は、次のとおりとする。

始業時刻	終業時刻	休憩時間
午前９時00分	午後６時00分	午後０時から１時まで

3　前項の規定にかかわらず、業務の都合その他やむを得ない事情により、始業時刻、終業時刻及び休憩時間を繰上げ又は繰下げを行うことがある。この場合、所属長が前日までに従業員に通知する。

4　テレワーク勤務者の労働時間及び休憩時間については、別に定めるテレワーク勤務規程による。

　　　第3章　在宅勤務時の労働時間等

（在宅勤務時の労働時間）

第5条　在宅勤務時の労働時間については、就業規則第〇条の定めるところによる。

2　前項にかかわらず、会社の承認を受けて始業時刻、終業時刻及び休憩時間の変更をすることができる。

3　前項の規定により所定労働時間が短くなる者の給与については、育児・介護休業規程第〇条に規定する勤務短縮措置時の給与の取扱いに準じる。

❷労働時間の把握に関する規定

　労働時間を正確に把握する義務があることは、「労働時間の適正な把握のために使用者が講ずべき措置に関するガイドライン」（平成29年１月20日策定）のとおりであるが、事業場外での勤務であることに鑑み、正確な把握のためには労働者側の協力が必要となる。

　この点に関しては、働き方改革関連法により、労働安全衛生法に66条の8の3の規定が新設され、それまで対象から除外されていた管理監督者の労働時間や裁量労働制のもとで働く労働者の労働時間等を含め、（新設される高度プロフェッショナル制度で従事する労働者以外の労働者の）厚生労働省令で定める方法により労働時間の状況を把握しなければならないものとされることとなった。これにより、管理監督者や裁量労働制のもとで働く労働者、事業場外みなし労働時間制のもとで働く労働者についても、それらの労働時間状況の把握の義務が使用者にあるとされ、これに対する対応が必要となる。

そして、労働時間状況把握義務は、テレワークについても同様に課せられるので、労働時間把握のための規定が必要となる。

「作成の手引き」のモデル「テレワーク就業規則」（在宅勤務規程）では、次のように規定されている。

（業務の開始及び終了の報告）

第10条　在宅勤務者は就業規則第〇条の規定にかかわらず、勤務の開始及び終了について次のいずれかの方法により報告しなければならない。

(1)　電話

(2)　電子メール

(3)　勤怠管理ツール

このような規定を定めるうえでは、就業規則本体に「テレワーク勤務規程によって別に定める」旨の規定をおくことが考えられる。「作成の手引き」でも、以下のように、その本文でテレワーク勤務規程の規定例を示し、本体の就業規則で、「テレワーク勤務規程に定める方法により」としている。

就業規則（始業及び終業時刻の記録）

第〇条　従業員は、始業及び終業時にタイムカードを自ら打刻し、始業及び終業の時刻を記録しなければならない。

2　前項にかかわらず、テレワーク勤務者はテレワーク勤務規程に定める方法により、勤務の開始及び終了の報告並びに業務報告を行わなければならない。

テレワーク勤務規程（業務の開始及び終了の報告）

第10条の2　モバイル勤務者が自宅から直行あるいは事業場外から直帰する場合は就業規則第〇条の規定にかかわらず、勤務の開始及び終了について次のいずれかの方法により報告しなければならない。

(1)　電話

(2)　電子メール

(3)　勤怠管理ツール

ここで、テレワーク勤務規程例では、モバイル勤務者が、その勤務の開始や終了について連絡を行なうようにされているが、これを必要とする場合と

して、「自宅から直行あるいは事業場外から直帰する場合」と規定されているのは、外勤の営業活動を行なう場合等を念頭においているように思われる。しかしながら、そのような人は、事業場外みなし規定の適用も考えられるので、勤務の一部分だけ勤務時間を算定するものとするか、そして算定するとした場合には、事業場外みなし規定との関係で、その部分をどのような取り扱いとするのかを労使協定により決めておく必要が生じる。また事業場外みなし規定の適用をしないとすれば、「自宅から直行あるいは事業場外から直帰する場合」に限ることなく、モバイル勤務を含めたテレワーク全体についての時間管理をどのように行なうのかを定めなければならない。

　これらを踏まえて、それぞれの実情に合わせて規定を整備していく必要がある。

❸休憩・休日および中抜け時間

　「作成の手引き」のモデル「テレワーク就業規則」（在宅勤務規程）では、休憩時間および休日については、就業規則を引用している（ただし、「作成の手引き」本文では、休日についてテレワーク勤務規程で別途定める場合について規定を掲げている）。ちなみに、休憩時間の一斉付与との関係は、所属事業所単位で考えられることになるため、一斉付与の例外についての労使協定の有無を含め、当該テレワーカーがどの事業所に所属しているのかを明確にする必要がある。

（休憩時間）

第6条　在宅勤務者の休憩時間については、就業規則第〇条の定めるところによる。

（所定休日）

第7条　在宅勤務者の休日については、就業規則第〇条の定めるところによる。

就業規則（所定休日）

第〇条　所定休日は、次のとおりとする。

　　①土曜日及び日曜日

　　②国民の祝日（日曜日と重なったときは翌日）

　　③年末年始（12月〇〇日〜1月〇日）

④夏季休日（〇月〇日〜〇月〇日）

⑤その他会社が指定する日

2　業務の都合により会社が必要と認める場合は、あらかじめ前項の休日を他の日と振り替えることがある。

3　テレワーク勤務者の休日については、別に定めるテレワーク勤務規程による。

　次に、「作成の手引き」のモデル「テレワーク就業規則」（在宅勤務規程）では、欠勤や勤務時間中の業務の中断について規定されているが、この規定例では事業場外みなし規定の適用ではなく、通常の勤務時間の適用を前提として、事前許可を必要とするとの規定がおかれている。

（欠勤等）

第9条　在宅勤務者が、欠勤をし、又は勤務時間中に私用のために勤務を一部中断する場合は、事前に申し出て許可を得なくてはならない。ただし、やむを得ない事情で事前に申し出ることができなかった場合は、事後速やかに届け出なければならない。

2　前項の欠勤、私用外出の賃金については給与規程第〇条の定めるところによる。

❹事業場外労働のみなし時間制

　テレワーク勤務の労働時間に関し、「作成の手引き」では、事業場外労働のみなし時間制を適用できる場合の要件などが解説されている。しかし、情報通信機器を利用することが前提とされているテレワーク勤務では、それらを活用して労働時間を把握できるとも考えられるので、このようなみなし規定を適用するには、規定例にあるように情報通信機器の使用に一定の制限が生じることにならざるをえない。

就業規則（事業場外労働従事者の労働時間）

第〇条　従業員が労働時間の全部又は一部について事業場外で業務を行った場合において、労働時間を算定することが困難な場合は、第〇条に定める所定労働時間労働したものとみなす。

2　前項の事業場外労働について当該業務を遂行するために通常所定労働時間を超えて労働することが必要な場合においては、当該業務の遂行に通常必要とされる

時間労働したものとみなす。

3　前項の事業場外労働について当該業務を遂行するために、あらかじめ、所定労働時間を超えて労働することが必要であるとして労使協定を締結した場合には、労使協定で定めた時間労働したものとみなす。

4　在宅勤務者についての前各項の規定は、随時業務の指示命令を行う業務等でない場合に適用する。必要な事項については別に定めるテレワーク勤務規程による。

テレワーク勤務規程（在宅勤務時の労働時間）

第5条の2　在宅勤務時の始業時刻、終業時刻及び休憩時間については、就業規則第○条の定めるところによる。

2　前項にかかわらず、在宅勤務を行う者が次の各号に該当する場合であって会社が必要と認めた場合は、就業規則第○条を適用し、第○条に定める所定労働時間の労働をしたものとみなす。この場合、労働条件通知書等の書面により明示する。

(1)　従業員の自宅で業務に従事していること。

(2)　会社と在宅勤務者間の情報通信機器の接続は在宅勤務者に任せていること。

(3)　在宅勤務者の業務が常に所属長から随時指示命令を受けなければ遂行できない業務でないこと。

3　前項にかかわらず、就業規則第○条の第2項又は第3項の規定に該当する者は、それぞれ各項に規定する時間労働したものとみなす。

　これらに関して、フレックスタイム制、裁量労働制などの変形労働時間制との組み合わせも考えられる。通常勤務者に対して変形労働時間制等を採用していない場合に、テレワーク導入に合わせて変形労働時間制などを導入するのであれば、所定の規定変更（および必要な場合には所定の労使協定の締結および届け出）が必要となる。

　また、中抜け時間への対策として、有給休暇の時間単位の付与などを制度化する場合は、これに関する定めが必要である。

❺時間外・休日勤務についての規定

　「作成の手引き」のモデル「テレワーク就業規則」（在宅勤務規程）では、時間外・休日労働については就業規則を引用している。始終業の時間やその

管理方法などで通常勤務との違いがありうるとしても、時間外・休日労働の取り扱いを、特に異なるものとする理由はないと考えられるので、このような規定の仕方は自然である。

なお、「作成の手引き」本文で、テレワーク勤務規程の例として、原則として時間外労働、休日労働および深夜労働をさせることはないとしているが、それは、テレワーク勤務を行なう以上、効率の向上を前提としており、長時間勤務とは基本的に相容れないとの考え方によるものと推測され、使用者側にそのことを表明させようとするものであると考えられる。このような規定は、ワークライフバランスを主眼としてテレワーク制度を導入する場合に、意味のある規定だと考えられる。

就業規則（時間外及び休日労働等）

第〇条　業務の都合により、第〇条の所定労働時間を超え、又は、第〇条の所定休日に労働させることがある。

2　前項の場合、法定労働時間を超える労働又は法定休日における労働については、あらかじめ会社は、従業員の過半数代表者と書面による労使協定を締結するとともに、これを所轄労働基準監督署長に届け出るものとする。

3　妊娠中の女性、産後1年を経過しない女性従業員（以下「妊産婦」という。）であって請求した者及び18歳未満の者については、第2項による時間外、休日及び深夜（午後10時から午前5時まで）に労働に従事させない。

4　災害その他避けることのできない事由によって臨時の必要がある場合には、第1項から前項までの制限を超えて、所定労働時間外又は休日に労働させることがある。ただし、この場合であっても、請求のあった妊産婦については、所定労働時間外労働又は休日労働に従事させない。

5　テレワーク勤務者の時間外、休日及び深夜における労働については、別に定めるテレワーク勤務規程による。

テレワーク勤務規程（時間外及び休日労働等）

第8条　在宅勤務者については、原則として時間外労働、休日労働及び深夜労働をさせることはない。ただし、やむを得ない事由がある場合は所定の手続を経て所

属長の許可を受けなければならない。

6．給与・手当に関する定め

❶給与額等

雇用型テレワークガイドラインでは、

「専らテレワークを行う労働者等、職場に出勤する頻度の低い労働者につ
いては、業績評価等について、評価者や労働者が懸念を抱くことのないよう
に、評価制度及び賃金制度を明確にすることが望ましい。

特に、業績評価や人事管理に関して、テレワークを行う労働者について通
常の労働者と異なる取扱いを行う場合には、あらかじめテレワークを選択し
ようとする労働者に対して当該取扱いの内容を説明することが望ましい。ま
た、いつまでに何をするといった形で、仕事の成果に重点を置いた評価を行
う場合は、テレワークの場合であっても事業場での勤務と同様の評価が可能
であるので、こうした場合は、評価者に対して、労働者の勤務状況が見え
ないことのみを理由に不当な評価を行わないよう注意喚起することが望まし
い。

なお、テレワークを行う労働者について、通常の労働者と異なる賃金制度
等を定める場合には、当該事項について就業規則を作成・変更し、届け出な
ければならないこととされている（労働基準法第89条第2号）。」
とされている。

テレワーク制度を導入したことにより、評価方法を含め、給与の額を変更

することは通常は考えがたいが、在宅勤務などにより、職責の変更、業務内容の変更などがある場合は、それにより給与額を見直すことが考えられる。

しかしそれらとは別に、テレワーク推進のために事業場外勤務の選択をしても人事評価上不利益とならないとの確認的規定をおくことは、テレワーク制度利用促進のために考える余地がある。

なお、勤務評価については、このように規定を検討する以外にも現実の評価者訓練に関して取り組むべき課題が多く、雇用型テレワークガイドラインにもその他の課題として言及されている。

❷諸手当等

在宅勤務などの場合、自宅で業務を行なうことによる賃料相当分、通信費、光熱費など、従業員個人の負担となる部分もあり、それに対する補償のために手当を付与することが考えられる。

この点に関連して、雇用型テレワークガイドラインでは、「通信費、情報通信機器等のテレワークに要する費用負担の取扱い」として、

「テレワークに要する通信費、情報通信機器等の費用負担、サテライトオフィスの利用に要する費用、専らテレワークを行い事業場への出勤を要しないとされている労働者が事業場へ出勤する際の交通費等、テレワークを行うことによって生じる費用については、通常の勤務と異なり、テレワークを行う労働者がその負担を負うことがあり得ることから、労使のどちらが負担するか、また、使用者が負担する場合における限度額、労働者が請求する場合の請求方法等については、あらかじめ労使で十分に話し合い、就業規則等において定めておくことが望ましい。

特に、労働者に情報通信機器、作業用品その他の負担をさせる定めをする場合には、当該事項について就業規則に規定しなければならないこととされている（労働基準法第89条第5号）。」
との注意が記載されている。

そして「作成の手引き」本文では、テレワーク勤務規程で関連する事項を定めるものとする規定を就業規則におき、テレワーク勤務規程において、在

宅勤務の場合の水道光熱費・通信費の補助、通勤手当の取り扱いなどの定めをおくとしている。これらについては、在宅勤務の頻度などに関し、個別に検討する必要が生じるものと思われる。

就業規則（給与）

第○条　賃金の構成は、次のとおりとする。

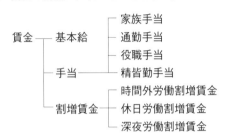

2　テレワーク勤務者の給与については、別に定めるテレワーク勤務規程による。

テレワーク勤務規程（在宅勤務手当）

第14条の2　在宅勤務者が負担する自宅の水道光熱費及び通信費用（ただし、資料送付に要する郵便代は除く。）のうち業務負担分として毎月月額○○○○○円を支給する。

　また、「作成の手引き」のモデル「テレワーク就業規則」（在宅勤務規程）では、在宅勤務者の給与は原則として就業規則の定めるとおりとし、在宅勤務に特有の費用である手当等に関して次のように規定している。

（給与）

第13条　在宅勤務者の給与については、就業規則第○条の定めるところによる。

2　前項の規定にかかわらず、在宅勤務（在宅勤務を終日行った場合に限る。）が週に4日以上の場合の通勤手当については、毎月定額の通勤手当は支給せず実際に通勤に要する往復運賃の実費を給与支給日に支給するものとする。

（費用の負担）

第14条　会社が貸与する情報通信機器を利用する場合の通信費は会社負担とする。

2　在宅勤務に伴って発生する水道光熱費は在宅勤務者の負担とする。

3　業務に必要な郵送費、事務用品費、消耗品費その他会社が認めた費用は会社

負担とする。

　4　その他の費用については在宅勤務者の負担とする。

　このほかにも、たとえばリゾート地などでソフトウエアを開発するチーム
に参加させる場合など、遠隔地のサテライトオフィス勤務を一定期間命じる
場合などを考えれば、その交通費などの取り扱いを定めることも考えられる。
またその場合に、特別の手当等の付与を考える余地もある。

7．業務遂行方法に関連する規定

❶業務上のコミュニケーションの確保

　テレワーク勤務では、事業場外勤務の場合のコミュニケーションを確保す
るために、機器の使用等のルールを定めておくことが考えられる（スマート
フォン、PCなどを受信・応答できる状態におき、またそのような態勢を維持
しておくことなどであり、このようなルール化と事業場外みなし労働時間制
の適用については、Ⅱ章第3の1(1)参照）。

　「作成の手引き」のモデル「テレワーク就業規則」（在宅勤務規程）では、
次のような規定例が掲げられているので、これらを参考としながら、自社の業
務内容、テレワークの勤務内容等に沿った規定としていくことが必要である。

（業務報告）

第11条　在宅勤務者は、定期的又は必要に応じて、電話又は電子メール等で所属
　　長に対し、所要の業務報告をしなくてはならない。

（在宅勤務時の連絡体制）

第12条　在宅勤務時における連絡体制は次のとおりとする。

　(1)　事故・トラブル発生時には所属長に連絡すること。なお、所属長が不在時
　　　の場合は所属長が指名した代理の者に連絡すること。

　(2)　前号の所属長又は代理の者に連絡がとれない場合は、〇〇課担当まで連絡
　　　すること。

　(3)　社内における従業員への緊急連絡事項が生じた場合、在宅勤務者へは所属
　　　長が連絡をすること。なお、在宅勤務者は不測の事態が生じた場合に確実に

連絡がとれる方法をあらかじめ所属長に連絡しておくこと。

⑷　情報通信機器に不具合が生じ、緊急を要する場合は〇〇課へ連絡をとり指示を受けること。なお、〇〇課へ連絡する暇がないときは会社と契約しているサポート会社へ連絡すること。いずれの場合においても事後速やかに所属長に報告すること。

⑸　前各号以外の緊急連絡の必要が生じた場合は、前各号に準じて判断し対応すること。

2　社内報、部署内回覧物であらかじめランク付けされた重要度に応じ至急でないものは在宅勤務者の個人メール箱に入れ、重要と思われるものは電子メール等で在宅勤務者へ連絡すること。なお、情報連絡の担当者はあらかじめ部署内で決めておくこと。

❷セキュリティ関係

テレワーク勤務は事業場外で勤務するため、情報・資料の持ち出しや、事業場外からの業務上のデータへのアクセスが必要となる。そこで、その手続きや管理の責任などの定めをおくことが必要である。

また、テレワークであるか否かにかかわらず、ICT技術の発達により、大量の情報が容易に事業所外に持ち出される事態が発生しうる。そこで、データ流出防止対策として、通常勤務・テレワーク勤務を問わず、スマートフォンや記録媒体の就業場所への持ち込み禁止などを定めることが考えられる。とりわけテレワーク勤務の場合は、事業場外での職務遂行において、第三者のディスプレイのぞき見防止措置をとることを義務づけたり、会話漏れ防止に注意すべきことなどを定めるほか、電子メールの取り扱い等に関するルールの徹底等々、種々の規定の追加的整備を考えるべきである。

「作成の手引き」のモデル「テレワーク就業規則」（在宅勤務規程）では、情報通信機器の貸与や私有機器の使用許可などについて規定している。

（情報通信機器・ソフトウェア等の貸与等）

第15条　会社は、在宅勤務者が業務に必要とするパソコン、プリンタ等の情報通信機器、ソフトウェア及びこれらに類する物を貸与する。なお、当該パソコン

に会社の許可を受けずにソフトウェアをインストールしてはならない。

2　会社は、在宅勤務者が所有する機器を利用させることができる。この場合、セキュリティガイドラインを満たした場合に限るものとし、費用については話し合いの上決定するものとする。

テレワーク勤務規程（携帯電話・スマートフォン等の貸与等）

第15条の2　会社は、モバイル勤務者が必要とする携帯電話・スマートフォン等の情報通信機器及び必要な周辺機器を貸与する。

2　前項の携帯電話・スマートフォンの利用料金は会社が負担する。

テレワーク勤務規程（私有機器の許可申請）

第15条の3　モバイル勤務者の私有機器を業務に使用する場合は次の事項を所定の申請書に記入してあらかじめ許可を受けなければならない。

(1)　ノートパソコンの場合

①使用する機器のメーカー・名称

②使用するOS

③ウイルス対策ソフトウェアの名称・バージョン

④メールアドレス

(2)　スマートフォンの場合

①使用する機器のメーカー・機器の名称

②契約通信番号

③メールアドレス

　しかし、これらの規定の遵守はテレワーク勤務に限らず、通常勤務においても必要となるものであり、むしろ情報通信機器管理規程、個人情報管理規程等に規定するほうがふさわしいと考えられる。通常勤務の場合も含めた検討が必要である。

❸教育訓練

　上記セキュリティ対策との関係等で、テレワーク業務遂行のために必要な教育訓練を行なうことが考えられる。これに関する規定として、「作成の手引き」のモデル「テレワーク就業規則」（在宅勤務規程）では次のような一

般的な規定をおいている。

　しかし、このような一般的な規定ぶりであれば、本体の就業規則の規定で
十分と思われる。もしも特にテレワーク勤務規程のなかで規定するのであれ
ば、業務上のコミュニケーションやセキュリティ等、そしてテレワークに関
して特に必要とされる内容の教育訓練について、テレワーク勤務を認める資
格条件のなかに取り込むなどの工夫が必要であろう。

❹安全衛生関係

　作業環境の整備については、サテライトオフィスの場合は原則として会社
に責任があると考えられるが、在宅勤務ではもともとプライベートな空間で
あるため、使用者が介入できる限度は限られる。したがってテレワーカー個
人の責任によるとせざるをえない部分があり、それに関する規律を定める必
要がある。そこで、在宅勤務を許可する基準のなかに執務環境を整える義務
を規定しておき、しかるべき報告なども受けることを前提とすべきである。

　在宅勤務を業務命令として命じる場合には、このような勤務場所に関する
報告義務などを設定することは考えがたいが、希望する者を対象に在宅勤務
を認めるのであれば、本人の選択としてそのようなプライバシーに対する一
定の制約を受け入れることを条件とすることができると考えられ、合理的な
範囲であれば導入は可能であろう。

　ただし、そのような義務を課さずにテレワーク制度をいったん導入してし
まったあとで、あらためて義務規定を新設することは、手続き上の問題をは
じめ、困難をともなうので、当初の導入時点で十分に検討をして制度化して
おく必要がある。

　「作成の手引き」のモデル「テレワーク就業規則」（在宅勤務規程）では、

以下のような一般的な規定のみが規定例として掲げられているが、より具体的な内容を細則などで定めることが必要である。

（安全衛生）
第18条　会社は、在宅勤務者の安全衛生の確保及び改善を図るため必要な措置を講ずる。
2　在宅勤務者は、安全衛生に関する法令等を守り、会社と協力して労働災害の防止に努めなければならない。

また、「作成の手引き」では、在宅勤務中の災害について労働災害とすることを前提としているようであり、モデル「テレワーク就業規則」（在宅勤務規程）には次の規定例が掲げられている。

（災害補償）
第17条　在宅勤務者が自宅での業務中に災害に遭ったときは、就業規則第〇条の定めるところによる。

しかし、在宅勤務の場合、たとえば手洗いに立った際の事故やコーヒーなどを取りに行った際の事故など、どこまで労働災害とすることができるのかは慎重に決定する必要がある。また、モバイル勤務やサテライトオフィス勤務などを考えた場合、どのようなケースが通勤災害となるのかなど、前述したとおりむずかしい問題が生じうる。

このような場合に関して、テレワークだけでなく通常勤務も含めて災害補償規程などを設け、原則として、「本規程における業務上または通勤途上の災害の認定については、労働基準法及び労災保険法の定めに基づき所轄行政庁の認定するところによるものとする。」などと一般的に規定することも考えられる。

第8　テレワーク導入がもたらす成果

以上、テレワーク制度とはどのようなものか、雇用型テレワーク制度に対する労働法規の適用、テレワーク制度導入に関する諸問題などの検討を行

なってきた。これらを通じて、テレワーク制度導入のための法的アプローチの全体像がみやすくなったのではないだろうか。

とはいえ、「テレワーク制度」は業務遂行方法のひとつの形にすぎず、従前の「通常勤務の形」での業務遂行を、情報通信技術を利用することで事業場外で運用できるよう改善を施したものでしかない。言い換えると、「テレワーク制度を導入する」こと自体は、業務遂行方法の変更にすぎず、極論すれば、それ自体に何らかの意味があるわけではない。

テレワークとは情報通信技術を利用して働き方を変えることでもたらされるワークライフバランスの向上や生産性の向上策のひとつの形であり、その導入は問題を改善・克服するひとつの手段でしかない。したがって、テレワークの導入はAIの活用による業務改善、ロボティック・プロセス・オートメーション（Robotic Process Automation；RPA）を利用した業務改善などと並列的に考えられるべきであり、それらの新技術を利用した業務の改善の方法のひとつでしかない点を、最後にあらためて強調したい。

テレワークを導入することによる働き方の改革自体は、それら新しい技術の急速な発展により可能となる側面とともに、これらに対応しなければ、競争力の相対的な低下により、企業自体の生き残りが困難となるというリスクもはらむものである。そして、一方では、テレワークの導入には、働くことについてのマインドセットを変える必要があるとともに、他方では、テレワークの導入によりマインドセットが変わる側面もある。

それらの意味するところは、本書のⅠ章で取り上げたが、そのような時代に本書が、テレワークの導入による働き方の改革・生産性向上を通じて、事業者および従業員の双方に有益なものとなれば幸いである。

資料 情報通信技術を利用した事業場外勤務の適切な導入及び実施のためのガイドライン

1 趣旨

　労働者が情報通信技術を利用して行う事業場外勤務（以下「テレワーク」という。）は、業務を行う場所に応じて、労働者の自宅で業務を行う在宅勤務、労働者の属するメインのオフィス以外に設けられたオフィスを利用するサテライトオフィス勤務、ノートパソコンや携帯電話等を活用して臨機応変に選択した場所で業務を行うモバイル勤務といった分類がされる。

　いずれも、労働者が所属する事業場での勤務に比べて、働く時間や場所を柔軟に活用することが可能であり、通勤時間の短縮及びこれに伴う精神的・身体的負担の軽減、仕事に集中できる環境での就労による業務効率化及びこれに伴う時間外労働の削減、育児や介護と仕事の両立の一助となる等、労働者にとって仕事と生活の調和を図ることが可能となるといったメリットを有する。

　また、使用者にとっても、業務効率化による生産性の向上、育児・介護等を理由とした労働者の離職の防止や、遠隔地の優秀な人材の確保、オフィスコストの削減等のメリットを有している。

　上記のテレワークの形態ごとの特徴を例示すると以下のような点が挙げられる。

① 在宅勤務

　通勤を要しないことから、事業場での勤務の場合に通勤に要する時間を有効に活用できる。また、例えば育児休業明けの労働者が短時間勤務等と組み合わせて勤務することが可能となること、保育所の近くで働くことが可能となること等から、仕事と家庭生活との両立に資する働き方である。

② サテライトオフィス勤務

　自宅の近くや通勤途中の場所等に設けられたサテライトオフィスでの勤務は、通勤時間を短縮しつつ、在宅勤務やモバイル勤務以上に作業環境の整った場所で就労可能な働き方である。

③ モバイル勤務

　労働者が自由に働く場所を選択できる、外勤における移動時間を利用できる等、働く場所を柔軟に運用することで、業務の効率化を図ることが可能な働き方である。

　さらに、平成27年に独立行政法人労働政策研究・研修機構において実施した「情報通信機器を利用した多様な働き方の実態に関する調査」においても、テレワークの実施の効果について、企業側は「従業員の移動時間の短縮・効率化」（※1）、「定型的業務の効率・生産性の向上」（※2）等の点を、労働

者側は「仕事の生産性・効率性が向上する」(54.4%)、「通勤による負担が少ない」(17.4%) 等の点をそれぞれ挙げている。

　その一方で、同調査においては、テレワークを行う上での問題や課題等についても挙げており、企業側は「労働時間の管理が難しい」(※3)、「情報セキュリティの確保に問題がある」(※4) 等の点を、労働者側は「仕事と仕事以外の切り分けが難しい」(38.3%)、「長時間労働になりやすい」(21.1%) 等の点をそれぞれ挙げている。

　特に労働時間の管理や長時間労働の問題については、働き方改革実行計画(平成29年3月28日働き方改革実現会議決定) においても、テレワークが長時間労働につながるおそれがあることが指摘されている。

　こうしたことから、テレワークにおける適切な労務管理の実施は、テレワークの普及の前提となる重要な要素であるため、本ガイドラインにおいてその留意すべき点を明らかにしたものである。

(※1) 終日在宅勤務：35.7%、1日の一部在宅勤務：44.9%、モバイルワーク：58.4%
(※2) 終日在宅勤務：35.7%、1日の一部在宅勤務：28.6%、モバイルワーク：54.5%
(※3) 終日在宅勤務：30.9%、1日の一部在宅勤務：42.0%、モバイルワーク：40.3%
(※4) 終日在宅勤務：27.3%、1日の一部在宅勤務：28.0%、モバイルワーク：42.3%

2　労働基準関係法令の適用及び留意点等
（1）　労働基準関係法令の適用
　　労働基準法上の労働者については、テレワークを行う場合においても、労働基準法(昭和22年法律第49号)、最低賃金法(昭和34年法律第137号)、労働安全衛生法(昭和47年法律第57号)、労働者災害補償保険法(昭和22年法律第50号) 等の労働基準関係法令が適用されることとなる。
（2）　労働基準法の適用に関する留意点
　ア　労働条件の明示
　　使用者は、労働契約を締結する際、労働者に対し、賃金や労働時間のほかに、就業の場所に関する事項等を明示しなければならない(労働基準法第15条、労働基準法施行規則(昭和22年厚生省令第23号) 第5条第1項第1の3号)。その際、労働者に対し就労の開始時にテレワークを行わせることとする場合には、就業の場所としてテレワークを行う場所を明示しなければならない。また、労働者がテレワークを行うことを予定している場合においては、自宅やサテライトオフィス等、テレワークを行うことが可能である就業の場所を明示することが望ましい。

　　なお、労働者が専らモバイル勤務をする場合等、業務内容や労働者の都合に合わせて働く場所を柔軟に運用する場合は、就業の場所についての許可基準を示した上で、「使用者が許可する場所」といった形で明示することも可能である。

　　また、テレワークの実施とあわせて、始業及び終業の時刻の変更等を行うことを可能とする場合は、就業規則に記載するとともに、その旨を明示しな

ければならない（労働基準法施行規則第５条第１項第２号）。
イ　労働時間制度の適用と留意点
　　使用者は、原則として労働時間を適正に把握する等労働時間を適切に管理する責務を有していることから、下記に掲げる各労働時間制度の留意点を踏まえた上で、労働時間の適正な管理を行う必要がある。
（ア）　通常の労働時間制度における留意点
　　（ⅰ）　労働時間の適正な把握
　　　　通常の労働時間制度に基づきテレワークを行う場合についても、使用者は、その労働者の労働時間について適正に把握する責務を有し、みなし労働時間制が適用される労働者や労働基準法第41条に規定する労働者を除き、「労働時間の適正な把握のために使用者が講ずべき措置に関するガイドライン」（平成29年１月20日策定）に基づき、適切に労働時間管理を行わなければならない。
　　　　同ガイドラインにおいては、労働時間を記録する原則的な方法として、パソコンの使用時間の記録等の客観的な記録によること等が挙げられている。また、やむを得ず自己申告制によって労働時間の把握を行う場合においても、同ガイドラインを踏まえた措置を講ずる必要がある。
　　（ⅱ）　テレワークに際して生じやすい事象
　　　　テレワークについては、以下のような特有の事象に留意する必要がある。
　　①　いわゆる中抜け時間について
　　　　在宅勤務等のテレワークに際しては、一定程度労働者が業務から離れる時間が生じやすいと考えられる。
　　　　そのような時間について、使用者が業務の指示をしないこととし、労働者が労働から離れ、自由に利用することが保障されている場合には、その開始と終了の時間を報告させる等により、休憩時間として扱い、労働者のニーズに応じ、始業時刻を繰り上げる、又は終業時刻を繰り下げることや、その時間を休憩時間ではなく時間単位の年次有給休暇として取り扱うことが考えられる。なお、始業や終業の時刻の変更が行われることがある場合には、その旨を就業規則に記載しておかなければならない。また、時間単位の年次有給休暇を与える場合には、労使協定の締結が必要である。
　　②　通勤時間や出張旅行中の移動時間中のテレワークについて
　　　　テレワークの性質上、通勤時間や出張旅行中の移動時間に情報通信機器を用いて業務を行うことが可能である。
　　　　これらの時間について、使用者の明示又は黙示の指揮命令下で行われるものについては労働時間に該当する。
　　③　勤務時間の一部でテレワークを行う際の移動時間について
　　　　午前中だけ自宅やサテライトオフィスで勤務をしたのち、午後からオフィスに出勤する場合等、勤務時間の一部でテレワークを行う場合

がある。

　こうした場合の就業場所間の移動時間が労働時間に該当するのか否かについては、使用者の指揮命令下に置かれている時間であるか否かにより、個別具体的に判断されることになる。

　使用者が移動することを労働者に命ずることなく、単に労働者自らの都合により就業場所間を移動し、その自由利用が保障されているような時間については、休憩時間として取り扱うことが考えられる。ただし、その場合であっても、使用者の指示を受けてモバイル勤務等に従事した場合には、その時間は労働時間に該当する。

　一方で、使用者が労働者に対し業務に従事するために必要な就業場所間の移動を命じており、その間の自由利用が保障されていない場合の移動時間は、労働時間と考えられる。例えば、テレワーク中の労働者に対して、使用者が具体的な業務のために急きょ至急の出社を求めたような場合は、当該移動時間は労働時間に当たる。

　なお、テレワークの制度の導入に当たっては、いわゆる中抜け時間や部分的テレワークの移動時間の取扱いについて、上記の考え方に基づき、労働者と使用者との間でその取扱いについて合意を得ておくことが望ましい。

（ⅲ）　フレックスタイム制

　フレックスタイム制は、清算期間やその期間における総労働時間等を労使協定において定め、清算期間を平均し、1週当たりの労働時間が法定労働時間を超えない範囲内において、労働者が始業及び終業の時刻を決定し、生活と仕事との調和を図りながら効率的に働くことのできる制度であり、テレワークにおいても、本制度を活用することが可能である。

　例えば、労働者の都合に合わせて、始業や終業の時刻を調整することや、オフィス勤務の日は労働時間を長く、一方で在宅勤務の日の労働時間を短くして家庭生活に充てる時間を増やす、といった運用が可能である。（ア）（ⅱ）①のような時間についても、労働者自らの判断により、その時間分その日の終業時刻を遅くしたり、清算期間の範囲内で他の労働日において労働時間を調整したりすることが可能である。

　ただし、フレックスタイム制は、あくまで始業及び終業の時刻を労働者の決定に委ねる制度であるため、（ア）（ⅰ）に示すとおり、「労働時間の適正な把握のために使用者が講ずべき措置に関するガイドライン」に基づき、使用者は各労働者の労働時間の把握を適切に行わなければならない。

　なお、フレックスタイム制の導入に当たっては、労働基準法第32条の3に基づき、就業規則その他これに準ずるものにより、始業及び終業の時刻をその労働者の決定に委ねる旨定めるとともに、労使協定において、対象労働者の範囲、清算期間、清算期間における総労働時間、標準となる1日の労働時間等を定めることが必要である。

（イ）　事業場外みなし労働時間制

　　テレワークにより、労働者が労働時間の全部又は一部について事業場外
　で業務に従事した場合において、使用者の具体的な指揮監督が及ばず、労
　働時間を算定することが困難なときは、労働基準法第38条の２で規定する
　事業場外労働のみなし労働時間制（以下「事業場外みなし労働時間制」と
　いう。）が適用される。

　　テレワークにおいて、使用者の具体的な指揮監督が及ばず、労働時間を
　算定することが困難であるというためには、以下の要件をいずれも満たす
　必要がある。

　①　情報通信機器が、使用者の指示により常時通信可能な状態におくこ
　　ととされていないこと

　　　「情報通信機器が、使用者の指示により常時通信可能な状態におく
　　こととされていないこと」とは、情報通信機器を通じた使用者の指示
　　に即応する義務がない状態であることを指す。なお、この使用者の指
　　示には黙示の指示を含む。

　　　また、「使用者の指示に即応する義務がない状態」とは、使用者が
　　労働者に対して情報通信機器を用いて随時具体的指示を行うことが可
　　能であり、かつ、使用者からの具体的な指示に備えて待機しつつ実作
　　業を行っている状態又は手待ち状態で待機している状態にはないこと
　　を指す。例えば、回線が接続されているだけで、労働者が自由に情報
　　通信機器から離れることや通信可能な状態を切断することが認められ
　　ている場合、会社支給の携帯電話等を所持していても、労働者の即応
　　の義務が課されていないことが明らかである場合等は「使用者の指示
　　に即応する義務がない」場合に当たる。

　　　したがって、サテライトオフィス勤務等で、常時回線が接続されて
　　おり、その間労働者が自由に情報通信機器から離れたり通信可能な状
　　態を切断したりすることが認められず、また使用者の指示に対し労働
　　者が即応する義務が課されている場合には、「情報通信機器が、使用
　　者の指示により常時通信可能な状態におくこと」とされていると考え
　　られる。

　　　なお、この場合の「情報通信機器」とは、使用者が支給したものか、
　　労働者個人が所有するものか等を問わず、労働者が使用者と通信する
　　ために使用するパソコンやスマートフォン・携帯電話端末等を指す。

　②　随時使用者の具体的な指示に基づいて業務を行っていないこと

　　　「具体的な指示」には、例えば、当該業務の目的、目標、期限等の
　　基本的事項を指示することや、これら基本的事項について所要の変更
　　の指示をすることは含まれない。

　　　事業場外みなし労働時間制を適用する場合、テレワークを行う労働
　　者は、就業規則等で定められた所定労働時間を労働したものとみなさ
　　れる（労働基準法第38条の２第１項本文）。

ただし、業務を遂行するために通常所定労働時間を超えて労働することが必要となる場合には、当該業務に関しては、当該業務の遂行に通常必要とされる時間を労働したものとみなされる（労働基準法第38条の2第1項ただし書）。この「当該業務の遂行に通常必要とされる時間」は、業務の実態を最もよく分かっている労使間で、その実態を踏まえて協議した上で決めることが適当であるため、労使協定によりこれを定めることが望ましい。当該労使協定は労働基準監督署長へ届け出なければならない（労働基準法第38条の2第2項及び第3項）。また、この場合、労働時間の一部について事業場内で業務に従事した場合には、当該事業場内の労働時間と「当該業務の遂行に通常必要とされる時間」とを加えた時間が労働時間となること、このため事業場内の労働時間については、（ア）（ⅰ）に示したとおり、「労働時間の適正な把握のために使用者が講ずべき措置に関するガイドライン」に基づき適切に把握しなければならないことに留意が必要である。

　　事業場外みなし労働時間制が適用される場合、所定労働時間又は業務の遂行に通常必要とされる時間労働したものとみなすこととなるが、労働者の健康確保の観点から、勤務状況を把握し、適正な労働時間管理を行う責務を有する。

　　その上で、必要に応じ、実態に合ったみなし時間となっているか労使で確認し、結果に応じて、業務量を見直したり、労働時間の実態に合わせて労使協定を締結又は見直したりすること等が適当である。

　　なお、テレワークを行わず労働者が労働時間の全部を事業場内で業務に従事する日や、テレワークを行うが使用者の具体的な指揮監督が及び労働時間を算定することが困難でないときについては、事業場外みなし労働時間制の適用はない。

（ウ）　裁量労働制の対象となる労働者のテレワークについて

　　専門業務型裁量労働制や企画業務型裁量労働制は、労使協定や労使委員会の決議により法定の事項を定めて労働基準監督署長に届け出た場合において、対象労働者を、業務の性質上その適切な遂行のためには遂行の方法を大幅に労働者の裁量に委ねる必要があるため、当該業務の遂行の手段及び時間配分の決定等に関し使用者が具体的な指示をしないこととする業務に就かせた場合には、決議や協定で定めた時間労働したものとみなされる制度である。裁量労働制の要件を満たし、制度の対象となる労働者についても、テレワークを行うことが可能である。

　　この場合、労使協定で定めた時間又は労使委員会で決議した時間を労働時間とみなすこととなるが、労働者の健康確保の観点から、決議や協定において定めるところにより、勤務状況を把握し、適正な労働時間管理を行う責務を有する。

　　その上で、必要に応じ、労使協定で定める時間が当該業務の遂行に必要とされる時間となっているか、あるいは、業務量が過大もしくは期限の設

定が不適切で労働者から時間配分の決定に関する裁量が事実上失われていないか労使で確認し、結果に応じて、業務量等を見直すことが適当である。
ウ　休憩時間の取扱いについて
　　労働基準法第34条第2項では、原則として休憩時間を労働者に一斉に付与することを規定しているが、テレワークを行う労働者について、労使協定により、一斉付与の原則を適用除外とすることが可能である。
　　なお、一斉付与の原則の適用を受けるのは、労働基準法第34条に定める休憩時間についてであり、労使の合意により、これ以外の休憩時間を任意に設定することも可能である。
　　また、テレワークを行う労働者について、本来休憩時間とされていた時間に使用者が出社を求める等具体的な業務のために就業場所間の移動を命じた場合、当該移動は労働時間と考えられるため、別途休憩時間を確保する必要があることに留意する必要がある。
エ　時間外・休日労働の労働時間管理について
　　テレワークについて、実労働時間やみなされた労働時間が法定労働時間を超える場合や、法定休日に労働を行わせる場合には、時間外・休日労働に係る三六協定の締結、届出及び割増賃金の支払が必要となり、また、現実に深夜に労働した場合には、深夜労働に係る割増賃金の支払が必要となる（労働基準法第36条及び第37条）。
　　このようなことから、テレワークを行う労働者は、業務に従事した時間を日報等において記録し、使用者はそれをもって当該労働者に係る労働時間の状況の適切な把握に努め、必要に応じて労働時間や業務内容等について見直すことが望ましい。
　　なお、労働者が時間外、深夜又は休日（以下エにおいて「時間外等」という。）に業務を行った場合であっても、少なくとも、就業規則等により時間外等に業務を行う場合には事前に申告し使用者の許可を得なければならず、かつ、時間外等に業務を行った実績について事後に使用者に報告しなければならないとされている事業場において、時間外等の労働について労働者からの事前申告がなかった場合又は事前に申告されたが許可を与えなかった場合であって、かつ、労働者から事後報告がなかった場合について、次の全てに該当する場合には、当該労働者の時間外等の労働は、使用者のいかなる関与もなしに行われたものであると評価できるため、労働基準法上の労働時間に該当しないものである。
①　時間外等に労働することについて、使用者から強制されたり、義務付けられたりした事実がないこと。
②　当該労働者の当日の業務量が過大である場合や期限の設定が不適切である場合等、時間外等に労働せざるを得ないような使用者からの黙示の指揮命令があったと解し得る事情がないこと。
③　時間外等に当該労働者からメールが送信されていたり、時間外等に労働しなければ生み出し得ないような成果物が提出されたりしている等、時間

外等に労働を行ったことが客観的に推測できるような事実がなく、使用者が時間外等の労働を知り得なかったこと。

　ただし、上記の事業場における事前許可制及び事後報告制については、以下の点をいずれも満たしていなければならない。

①　労働者からの事前の申告に上限時間が設けられていたり、労働者が実績どおりに申告しないよう使用者から働きかけや圧力があったりする等、当該事業場における事前許可制が実態を反映していないと解し得る事情がないこと。

②　時間外等に業務を行った実績について、当該労働者からの事後の報告に上限時間が設けられていたり、労働者が実績どおりに報告しないように使用者から働きかけや圧力があったりする等、当該事業場における事後報告制が実態を反映していないと解し得る事情がないこと。

（３）　長時間労働対策について

　テレワークについては、業務の効率化に伴い、時間外労働の削減につながるというメリットが期待される一方で、労働者が使用者と離れた場所で勤務をするため相対的に使用者の管理の程度が弱くなるおそれがあること等から、長時間労働を招くおそれがあることも指摘されている。

　テレワークにおける労働時間管理の必要性については、（２）イで示したとおりであるが、使用者は、単に労働時間を管理するだけでなく、長時間労働による健康障害防止を図ることが求められている。

　テレワークにおける長時間労働等を防ぐ手法としては、以下のような手法が考えられる。

①　メール送付の抑制

　テレワークにおいて長時間労働が生じる要因として、時間外、休日又は深夜に業務に係る指示や報告がメール送付されることが挙げられる。

　そのため、役職者等から時間外、休日又は深夜におけるメールを送付することの自粛を命ずること等が有効である。

②　システムへのアクセス制限

　テレワークを行う際に、企業等の社内システムに外部のパソコン等からアクセスする形態をとる場合が多いが、深夜・休日はアクセスできないよう設定することで長時間労働を防ぐことが有効である。

③　テレワークを行う際の時間外・休日・深夜労働の原則禁止等

　業務の効率化やワークライフバランスの実現の観点からテレワークの制度を導入する場合、その趣旨を踏まえ、時間外・休日・深夜労働を原則禁止とすることも有効である。この場合、テレワークを行う労働者に、テレワークの趣旨を十分理解させるとともに、テレワークを行う労働者に対する時間外・休日・深夜労働の原則禁止や使用者等による許可制とすること等を、就業規則等に明記しておくことや、時間外・休日労働に関する三六協定の締結の仕方を工夫することが有効である。

④　長時間労働等を行う労働者への注意喚起

テレワークにより長時間労働が生じるおそれのある労働者や、休日・深夜
　労働が生じた労働者に対して、注意喚起を行うことが有効である。
　　　具体的には、管理者が労働時間の記録を踏まえて行う方法や、労務管理の
　システムを活用して対象者に自動で警告を表示するような方法がある。
（４）　労働安全衛生法の適用及び留意点
　ア　安全衛生関係法令の適用
　　　労働安全衛生法等の関係法令等に基づき、過重労働対策やメンタルヘルス
　対策を含む健康確保のための措置を講じる必要がある。
　　　　具体的には、
　・必要な健康診断とその結果等を受けた措置（労働安全衛生法第66条から第
　　66条の７まで）
　・長時間労働者に対する医師による面接指導とその結果等を受けた措置（同
　　法第66条の８及び第66条の９）及び面接指導の適切な実施のための時間外・
　　休日労働時間の算定と産業医への情報提供（労働安全衛生規則（昭和47年
　　労働省令第32号）第52条の２）
　・ストレスチェックとその結果等を受けた措置（労働安全衛生法第66条の10）
　　等の実施により、テレワークを行う労働者の健康確保を図ることが重要であ
　　る。
　　　また、事業者は、事業場におけるメンタルヘルス対策に関する計画である
　「こころの健康づくり計画」を策定することとしており（労働者の心の健康
　の保持増進のための指針（平成18年公示第３号））、当該計画において、テレ
　ワークを行う労働者に対するメンタルヘルス対策についても衛生委員会等で
　調査審議の上記載し、これに基づき取り組むことが望ましい。
　　　加えて、労働者を雇い入れたとき又は労働者の作業内容を変更したときは、
　必要な安全衛生教育を行う等関係法令を遵守する必要がある（労働安全衛生
　法第59条第１項及び第２項）。
　イ　自宅等でテレワークを行う際の作業環境整備の留意
　　　テレワークを行う作業場が、自宅等の事業者が業務のために提供している
　作業場以外である場合には、事務所衛生基準規則（昭和47年労働省令第43
　号）、労働安全衛生規則及び「情報機器作業における労働衛生管理のための
　ガイドライン」（令和元年７月12日基発0712第３号）の衛生基準と同等の作
　業環境となるよう、テレワークを行う労働者に助言等を行うことが望ましい。
（５）　労働災害の補償に関する留意点
　　　テレワークを行う労働者については、事業場における勤務と同様、労働基準
　法に基づき、使用者が労働災害に対する補償責任を負うことから、労働契約
　に基づいて事業主の支配下にあることによって生じたテレワークにおける災害
　は、業務上の災害として労災保険給付の対象となる。ただし、私的行為等業務
　以外が原因であるものについては、業務上の災害とは認められない。
　　　在宅勤務を行っている労働者等、テレワークを行う労働者については、この
　点を十分理解していない可能性もあるため、使用者はこの点を十分周知するこ

とが望ましい。
3　その他テレワークの制度を適切に導入及び実施するに当たっての注意点
（1）　労使双方の共通の認識
　　テレワークの制度を適切に導入するに当たっては、労使で認識に齟齬のない
ように、あらかじめ導入の目的、対象となる業務、労働者の範囲、テレワーク
の方法等について、労使委員会等の場で十分に納得のいくまで協議し、文書に
して保存する等の手続をすることが望ましい。
　　また、個々の労働者がテレワークの対象となり得る場合であっても、実際に
テレワークを行うか否かは本人の意思によることとすべきである。
（2）　業務の円滑な遂行
　　テレワークを行う労働者が業務を円滑かつ効率的に遂行するためには、業務
内容や業務遂行方法等を明確にして行わせることが望ましい。また、あらかじ
め通常又は緊急時の連絡方法について、労使間で取り決めておくことが望まし
い。
（3）　業績評価等の取扱い
　　専らテレワークを行う労働者等、職場に出勤する頻度の低い労働者について
は、業績評価等について、評価者や労働者が懸念を抱くことのないように、評
価制度及び賃金制度を明確にすることが望ましい。
　　特に、業績評価や人事管理に関して、テレワークを行う労働者について通常
の労働者と異なる取扱いを行う場合には、あらかじめテレワークを選択しよう
とする労働者に対して当該取扱いの内容を説明することが望ましい。また、い
つまでに何をするといった形で、仕事の成果に重点を置いた評価を行う場合は、
テレワークの場合であっても事業場での勤務と同様の評価が可能であるので、
こうした場合は、評価者に対して、労働者の勤務状況が見えないことのみを理
由に不当な評価を行わないよう注意喚起することが望ましい。
　　なお、テレワークを行う労働者について、通常の労働者と異なる賃金制度等
を定める場合には、当該事項について就業規則を作成・変更し、届け出なけれ
ばならないこととされている（労働基準法第89条第2号）。
（4）　通信費、情報通信機器等のテレワークに要する費用負担の取扱い
　　テレワークに要する通信費、情報通信機器等の費用負担、サテライトオフィ
スの利用に要する費用、専らテレワークを行い事業場への出勤を要しないとさ
れている労働者が事業場へ出勤する際の交通費等、テレワークを行うことに
よって生じる費用については、通常の勤務と異なり、テレワークを行う労働者
がその負担を負うことがあり得ることから、労使のどちらが負担するか、また、
使用者が負担する場合における限度額、労働者が請求する場合の請求方法等に
ついては、あらかじめ労使で十分に話し合い、就業規則等において定めておく
ことが望ましい。
　　特に、労働者に情報通信機器、作業用品その他の負担をさせる定めをする場
合には、当該事項について就業規則に規定しなければならないこととされてい
る（労働基準法第89条第5号）。

（5）　社内教育等の取扱い

　　テレワークを行う労働者については、OJTによる教育の機会が得がたい面も
　あることから、労働者が能力開発等において不安に感じることのないよう、社
　内教育等の充実を図ることが望ましい。

　　なお、社内教育等を実施する際は、必要に応じ、総務省が作成している「テ
　レワークセキュリティガイドライン」を活用する等して、テレワークを行う上
　での情報セキュリティ対策についても十分理解を得ておくことが望ましい。

　　また、テレワークを行う労働者について、社内教育や研修制度に関する定め
　をする場合には、当該事項について就業規則に規定しなければならないことと
　されている（労働基準法第89条第7号）。

4　テレワークを行う労働者の自律

　　テレワークを行う労働者においても、勤務する時間帯や自らの健康に十分に
　注意を払いつつ、作業能率を勘案して自律的に業務を遂行することが求められ
　る。

末 啓一郎（すえ・けいいちろう）

1982年東京大学法学部卒業。1984年弁護士登録、第一東京弁護士会。高井伸夫法律事務所、松尾綜合法律事務所、経済産業省勤務などを経て現在、ブレークモア法律事務所パートナー。ルーバン・カソリック大学法学部大学院（法学修士1992年）、コロンビア大学ロースクール（LL.M.1994年）、一橋大学（法学博士2009年）。米国ニューヨーク州弁護士、一橋大学ロースクール講師（国際経済法）。著書『多様化する労働契約における人事評価の法律実務』（共著）ほか

テレワーク導入の法的アプローチ
－トラブル回避の留意点と労務管理のポイント

著者◆

末 啓一郎

発行◆2020年 2 月 1 日　第 1 刷
　　　2020年 5 月20日　第 2 刷

発行者◆

讃井暢子

発行所◆

経団連出版

〒100-8187 東京都千代田区大手町1-3-2
経団連事業サービス
電話◆［編集］03-6741-0045［販売］03-6741-0043

印刷所◆富士リプロ